LE ROI VOYAGEUR.

LE ROI VOYAGEUR,

OU

EXAMEN

Des abus de l'Administration de la Lydie.

A LONDRES,

Chez T. P. CADEL, dans le Strand.

M. DCC. LXXXIV.

PRÉFACE.

FEU M. Van-Duren, mon intime ami, ancien Profeſſeur en toutes les ſciences divines & humaines, de la très-célebre Univerſité de Louvain, me montra, un jour en cauſant dans ſa bibliotheque, un livre écrit, me dit-il, en mauvais latin, mais qui, autant qu'il avoit eu la patience d'en déchiffrer quelques lignes, lui paroiſſoit contenir quelques détails aſſez curieux. Je le priai de me céder ce livre ; ce qu'il fit volontiers, car il n'en pouvoit ſupporter le mauvais latin. M. Van-Duren avoit élevé cette cette langue à ſon plus haut degré de perfection dans des harangues qui ſont, avec les Auteurs du ſiecle d'Auguſte, l'objet de l'admiration de Louvain & de l'univers.

En ouvrant le manuſcrit, je vis d'abord qu'il étoit traduit du grec en latin, par un Auteur du douzieme ſiecle, &

qu'il renfermoit l'hiſtoire des voyages d'un Roi de Lydie dans l'intérieur de ſes Etats, & *incognito.*

Le plan de l'Ouvrage me plut : comme je ne ſuis ni ſi habile, ni conſéquemment ſi difficile en latin que l'étoit feu mon intime ami M. Van-Duren, j'eus le courage non ſeulement de le lire juſqu'au bout, mais encore de le traduire, & c'eſt cette traduction que j'offre au Public.

Je dois avertir que j'ai très-largement uſé des droits que s'arrogent communément les Traducteurs, ſur-tout quand ils ſont aſſez heureux pour avoir affaire, comme moi, à des Originaux que perſonne ne connoît. J'ai ajouté, retranché, & ſouvent même, pour éviter les difficultés, j'ai tout ſimplement paſſé ce que je n'entendois pas. Je me ſuis auſſi permis de m'éloigner de la vénérable antiquité, quand j'ai vu qu'autrement il me feroit très-difficile de me faire comprendre. Il m'a paru bien néceſſaire de prévenir ſur cette liberté le reproche que les Sçavants ſeroient en droit de me faire, & de les aſſurer que mon Auteur n'eſt point coupable de ce délit; il a religieuſement obſervé de reſpecter, dans les moindres détails, tout ce qui tient, je ne dis pas ſeulement aux loix, uſages, coutumes, &c. mais encore à de ſimples dénominations qu'il a même conſervées en pur Lydien. Il eſt probable que l'Auteur Grec qu'il traduiſoit, lui avoit donné l'exemple de ce reſpect, exemple que je n'ai pu ſuivre, par la raiſon que mon but étant de tirer quelque choſe d'utile de ce livre, il étoit indiſpenſable pour cela de me faire lire & comprendre. Telle eſt ma juſtification. Je prie tous ceux dont les connoiſſances auſſi ſûres que profondes remontent pluſieurs ſiecles au-delà du ſiege de Troye, de vouloir bien ſe la répéter, s'ils ne dédaignent pas de parcourir un ouvrage préſenté ſous une forme un peu rajeunie. Voilà pour les anciens. Je dois encore prévenir les modernes, avec lesquels il n'eſt ſouvent pas plus facile de traiter, que dans les fréquentes occaſions que j'ai eues de mettre en ſcene des gens du peuple, je n'ai pas jugé à propos de les faire parler un langage qui fût abſolument le leur pour l'expreſſion; je me ſuis borné à leur en donner un ſimple & naturel. J'ai cru qu'une illuſion plus parfaite auroit été achetée par beaucoup d'ennui & de fatigue.

Comme Auteur, Traducteur & Lecteur, je n'aime pas les longues Préfaces. Je finis donc; l'Ouvrage dira le reſte.

LE ROI VOYAGEUR.

CHAPITRE PREMIER.

Qu'on ne peut ſe diſpenſer de lire.

LE Roi *Melès* entroit dans ſa vingt-cinquieme année quand il monta ſur le Trône de Lydie : juſques-là ſon éducation avoit été fort négligée : ſes inſtituteurs s'étoient bornés à lui apprendre l'étiquette de la Cour pour former ſon eſprit ; & pour former ſon cœur, quelques principes tels que ceux-ci : qu'un Roi ne doit connoître d'autre Loi que ſa volonté, qu'avec des Édits & des Ordonnrnces il n'y avoit de difficultés à rien. Ce Prince étoit né avec un grand fond de raiſon & de droiture, l'amour de l'ordre & de la vérité étoit la premiere des heureuſes diſpoſitions qu'il avoit reçues de la Providence. Souvent il lui arrivoit de douter de la juſteſſe des principes établis, & de croire que l'inſtruction qu'il avoit reçue pourroit bien n'être pas tout-à-fait la vraie. Il n'avoit négligé aucun des moyens propres à s'en procurer une meilleure, mais c'étoit-là le difficile : tout ce qui l'entouroit avoit à-peu-près le même langage, & ſes Miniſtres l'aſſuroient que tout alloit à merveille. Ismin, dit-il un jour à un jeune Seigneur compagnon de ſon enfance, avec lequel il s'étoit lié d'une étroite amitié ; j'ai peine à croire que les affaires aillent auſſi bien que le diſent mes Secrétaires d'État, je le vois à l'incertitude de leurs principes. L'un veut la paix, l'autre propoſe la guerre, celui-ci imagine un nouveau projet de Finances, celui-là ſoutient qu'il faut s'en tenir à ce qui a été imaginé, & doubler l'impoſition ſans rien changer à la forme ; cependant les repréſentants des Province m'adreſſent de bien triſtes harangues, & quoi que puiſſent en dire mes courtiſans qui ſoutiennent que ce ne ſont que des lieux communs auxquels ils ont recours pour avoir quelque choſe à dire

& faire du pathétique , je ne ſçaurois me perſuader que mes peuples ſoient heureux ſous le régime d'une Adminiſtration dont la marche eſt ſi incertaine : mais où trouver la vérité ? Qui m'éclairera ?

Être des Êtres, ſource éternelle de lumiere & de juſtice, unique Créateur, ordonnateur & conſervateur de tout ce qui ſe meut & reſpire, s'écrie avec tranſport le bon Prince, aurois-tu abandonné les Nations & leurs Rois aux vains ſyſtêmes du caprice & du haſard ! Non, non, il n'eſt rien d'arbitraire, tout eſt ſoumis à des loix éternelles & immuables ; l'adminiſtration des Empires doit auſſi faire partie de l'ordre univerſel que j'admire. Mais ce n'eſt pas aſſez, ajoute le ſenſible Monarque en verſant un torrent de larmes, de m'avoir donné un cœur ami du bien, daigne éclairer mon intelligence pour le connoître, ce n'eſt qu'à cette condition que je puis regarder comme un bienfait de ta Providence le rang dans lequel tu m'as placé. » Seigneur, reprit le jeune Confi-» dent en mêlant ſes larmes à celles du Prince, » je ne vois pour Votre Majeſté qu'un moyen » de s'inſtruire & de connoître la vérité, » c'eſt de parcourir ſes États, en obſervant » *l'incognito* le plus ſcrupuleux. Si vous les

» visitiez en Souverain, il est très-sûr que ce » seroit ne pas sortir de votre Palais ; vous » ne trouveriez à votre passage que des fê- » tes & des gens heureux ; assurément cela » ne vous apprendroit rien. Il faut que vos » Peuples ignorent que vous êtes au milieu » d'eux & que vos Ministres même ne s'en » doutent pas. » Ce projet me ravit, reprit vivement le Roi, le Ciel sensible à ma priere te l'a sans doute inspiré ; tu m'accompagneras, cher Ismin, tu seras le seul. Il me sera très-facile de trouver un prétexte de voyage chez quelque Nation étrangere, chez les Indiens, par exemple ; le desir de voir de près un peuple qui, depuis tant de siecles a sçu se conserver une si haute réputation de sagesse, est un prétexte suffisant pour écarter tous les soupçons. Oui, je vais dès cet instant même annoncer mon voyage chez les Nations de l'Inde les plus reculées.

En effet, le Roi à peine arrivé dans la Salle du Conseil, déclara que malgré l'usage qui ne permettoit gueres aux Rois de Lydie de sortir de leurs États, il ne pouvoit vaincre le desir d'aller admirer les beaux Établissements de *Zoroastre*, de *Brama*, & de *Vishnou*. On conçoit bien que cela parut fort étrange,

& que du moment où cette nouvelle ſe fut répandue, on ne parla pas d'autre choſe dans tous les Cafés de Sardes. Comme les Lydiens étoient très-plaiſants, on fit beaucoup de pointes ſur le projet, ſur Brama, & Vishnou : le Mercure de Lydie (car le Mercure eſt d'une inſtitution plus ancienne & plus univerſelle qu'on ne le croit communément) n'entretint plus ſes Abonnés que du Voyage du Roi, préſenté ſous toutes les formes poſſibles de Charades, d'Enigmes & de Logogryphes; le tout ſe termina heureuſement par une Ode ſublime que tout le monde admira ſans y rien comprendre. Les Courtiſans n'avoient fait ni vers ni proſe, mais chacun d'eux avoit bien ſérieuſement ſongé à ſes affaires, c'eſt-à-dire, aux moyens d'intriguer pour ſe faire nommer du Voyage. Les Dames avoient déjà déſigné ceux qui auroient l'honneur d'accompagner Sa Majeſté, quand au moment de donner ſes derniers ordres, le Roi déclara que ſon intention étoit de voyager comme un ſimple particulier, ſuivi du ſeul Iſmin. Tous les demandeurs ſe retirerent très-mécontents & l'on trouva beaucoup de défauts à Iſmin.

Le jour fixé pour le départ étant arrivé, le Monarque pour mieux cacher ſes deſſeins, accorda aux plus grands Seigneurs de ſa Cour la permiſſion de l'accompagner juſqu'aux frontieres de Perſe. Dieu ſçait les fêtes qu'il trouva ſur ſon chemin, les cris de Vive le Roi, & tout ce qu'imaginerent Meſſieurs les Satrapes ou Intendants des Provinces qu'il traverſa, comme on lui faiſoit obſerver la joie & l'aiſance du Peuple, la beauté des routes, la riche culture des terres qui les avoiſinoient, & les ſuperbes illuminations des Hôtels-de-Ville. Peu s'en fallut, obſerve l'Auteur de cette Hiſtoire, que le Prince ne crût que tout alloit réellement auſſi bien que le diſoient ſes Miniſtres, & qu'il ne revînt fort content de ſa premiere ſortie; mais le bon génie qui veilloit ſur l'Empire, lui ſuggéra que peut-être il verroit différemment en y regardant de plus près, & Iſmin fut de l'avis du bon génie; ce qui fit que le Prince perſiſta dans ſa réſolution. Bientôt il touche aux frontieres des Perſes, & congédie ſa Cour. (*a*)

CHAPITRE II.

Excellentes diſpoſitions du Prince. Premiere rencontre.

Nos deux Voyageurs s'avancerent de quelques paraſanges dans la Perſe, & ſe hâterent de rentrer en Lydie, ſuivis de deux valets étrangers dont ils n'étoient pas connus. Le Roi Melès avoit pris le nom de *Pſammis*, & Iſmin celui d'*Arſace*; ils ſe dirent Négociants Perſes qui voyagoient en Lydie pour affaires de commerce, & perſonne ne les reconnut, quoiqu'ils fuſſent revenus ſur leurs pas. » Me voilà libre, & tout-» à-fait à mon aiſe, dit le Prince à ſon cher » Iſmin; la vérité, cette fois n'a qu'à ſe mon-» trer, il n'y a plus perſonne entre elle & » moi. » Seigneur, répond Iſmin, je préviens Votre Majeſté qu'elle pourra bien quelquefois ſe préſenter ſous une forme un peu dure; j'eſpere que vous voudrez bien alors oublier que vous êtes Roi, & loin de la repouſſer, l'accueillir comme un ſimple particulier. Il y a bien auſſi quelque choſe à réformer dans votre maintien, dont la majeſté pourroit nous trahir.

Il faut encore s'attendre à trouver des obſtacles à vos volontés dans les choſes les plus ſimples. Les Rois n'ont pas trop l'habitude de la réſiſtance, & parfois l'impatience pourroit vous faire ſortir du rôle que nous allons jouer. Je réponds de moi, reprend le Prince; le ſigne le plus léger, dans le cas où je viendrois à m'oublier, ſuffira pour m'avertir. A ces mots leur conversation fut interrompue par l'approche ſubite d'un char emporté par ſix chevaux fougueux, & précédé de deux gardes à cheval qui laiſſoient à peine aux mieux intentionnés le temps de ſe ranger. Le Roi n'eut que celui de ſe jetter de côté, en demandant à Ismin quel pouvoit être ce Seigneur qui paroiſſoit avoir des affaires ſi preſſées. Ismin juroit qu'il ne l'avoit jamais vu, quand un payſan qui étoit près d'eux, leur dit: En vérité, Meſſieurs, il faut que vous ſoyez des étrangers, puiſque vous ne connoiſſez pas Monſeigneur l'Intendant. Il retourne dans la Capitale, d'où il n'eſt ſorti que pour venir commander les belles fêtes que l'on a données au Roi à ſon paſſage. A propos de fêtes, continue le payſan qui étoit un peu cauſeur, vous pouvez en avoir vu quelques reſtes, à en juger par la route que vous tenez. Il faut convenir qu'il n'y avoit rien de ſi beau; mais, malgré tout cela, ſi je pouvois parler au Roi comme je vous parle, je vous aſſure bien que je ne lui conſeillérois pas de s'en rapporter à tout ce brillant-là pour juger du bonheur de ſes ſujets. Nous allons payer tout ce que ſon paſſage a coûté, indépendamment de la perte de temps qu'il nous a cauſée, des dépenſes que nous avons été obligés de faire pour nos gens & nos chevaux; car il a fallu tout voiturer, & ſa ſuite, & la ſuite de ſa ſuite. Je crois que ce que l'on donnera pour dédommagement paſſera, comme d'ordinaire, par tant de mains, qu'il ne nous en arrivera pas grand' choſe. Êtes-vous de ces environs, lui dit Iſmin ? ... Oui, Monſieur, je n'ai plus que deux petites lieues à faire pour être chez moi : ma Ferme eſt derriere ce hameau que vous voyez là-bas ſur la côte. Comme voilà le jour qui baiſſe, je n'imagine pas que vous puiſſiez aller plus loin aujourd'hui; il n'y a près de nous qu'un mauvais cabaret où vous ſeriez fort mal pour y paſſer la nuit; je vous offre, Meſſieurs, de vous repoſer chez moi; vous verrez la petite famille, & le plaiſir avec lequel nous ſerons reçus..... Volontiers, mon ami, répond le Roi. Doublons donc un peu le pas, ajouta le payſan, car la nuit vient plutôt que je ne l'attendois.

CHAPITRE III.

On verra que les gens les plus ſimples cauſent fort bien de leurs affaires.

ÇA, ma femme, dit l'honnête Fermier en arrrivant, un bon ſouper; fais de ton mieux. Ces Meſſieurs, autant que je puis m'y connoître, ſont deux Négociants Perſes, je les ai invités à paſſer la nuit ici. Après quelques queſtions auxquelles le Pere de famille répondit très-ſuccinctement, on ſe mit à table. Ismin rioit intérieurement de l'embarras du maintien du Roi, qui à force de vouloir paroître naturel, ceſſoit de l'être, quoiqu'il eût ſouvent vu ſes Comédiens ordinaires repréſenter des Rois à table chez des Payſans. Mettez-vous à votre aiſe, Monſieur, lui diſoit ſouvent le maître de la maiſon, vous êtes ſûrement accoûtumé à une meilleure chere, mais je vous aſſure que vous n'auriez été reçu nulle part d'auſſi bon cœur, & que vous auriez été plus mal au cabaret voiſin... Le Prince ne demandoit pas mieux que de répondre par un compliment; mais le défaut d'uſage fit, comme il eſt aiſé de l'imaginer, qu'il ne put jamais le trouver, & ce fut Ismin qui s'en chargea. As-tu vu le Roi, dit enfin la femme qui n'attendoit que le moment de placer une queſtion ? Pas trop bien, répond le Fermier, on ne nous a jamais permis d'approcher; cependant je l'ai aſſez vu pour le reconnoître ſi je me retrouvois ſur ſon paſſage. Ces derniers mots n'embarraſſerent pas peu le Prince & firent rougir Ismin; perſonne heureuſement ne s'apperçut de leur trouble. Eh bien ! continue la femme, tout cela étoit donc bien ſuperbe...? Oh ! magnifique. Il faut avouer que Monſeigneur l'Intendant a bien du talent pour les fêtes. Sans mes deux chevaux que ces Meſſieurs de la Cour ont menés un peu vîte, & qui ne reviendront ſûrement pas de l'honneur qu'on leur a fait, je ſerois aſſez content de mon voyage. Et que diſoit-on du Roi, reprit la femme ? – Beaucoup de bien; qu'il s'occupoit ſans ceſſe des moyens de rendre ſes peuples heureux; qu'il alloit voyager dans la Perſe & dans l'Inde tout exprès pour prendre de ces pays-là, ce qu'il croiroit utile ici. C'eſt toujours une bonne intention, quoique je penſe moi, qu'il feroit mieux, ſans aller ſi loin, de parcourir ſon Royaume. N'êtes-vous pas de cet avis-là, Meſſieurs ? Oui aſſurément, répond le Prince un peu étourdi de la queſtion. Il trouveroit à chaque pas de meilleures leçons que celles que pourroient lui donner les Perſes & les Indiens. . . Pour ma part, je vous aſſure que je lui en dirois de bonnes. Oui, & que lui diriez-vous donc ? La femme fit un ſigne pour contenir ſon mari qu'elle connoiſſoit pour aimer à parler, & ſouvent un peu librement ; mais le ſigne n'opéra rien que de lui faire hauſſer la voix, & après avoir obſervé que ce qu'il avoit à dire ne pouvoit bleſſer perſonne, il continua ainſi. Oh ! voici donc, Meſſieurs, comme je parlerois au Roi. Seigneur, il n'eſt pas ſi difficile de régner qu'on veut bien le faire entendre. Il me ſemble, répond le Monarque, que ce que vous avancez là pour commencer n'eſt pas facile à démontrer. J'éprouve. . . je crois, ajouta-t-il vivement en ſe reprenant, que le Souverain le plus inſtruit eſt ſouvent très-embarraſſé. — Eh ! non, Monſieur, il n'a qu'à laiſſer chacun faire ſes affaires & ne pas s'en mêler. . . . Qu'entendez-vous par laiſſer chacun faire ſes affaires ? — Mais cela, je crois, ſe comprend aſſez facilement ; c'eſt de ne rien ordonner ni défendre à qui que ce ſoit, même pour ſon propre intérêt ; de laiſſer chacun aller où il voudra, paſſer là où il lui plaira ; en un mot, faire tout ce qui bon lui ſemblera ſans nuire à autrui. Voilà déjà, comme vous voyez, un grand travail de moins, celui des Édits & des Ordonnances ; travail qui, comme me l'a dit ſouvent un de mes parents qui écrivoit dans les bureaux d'un Miniſtre, emporte la plus grande partie d'un temps qu'on pourroit mieux employer. Il me ſemble, dit Ismin, que ſi tout le monde jouiſſoit de cette liberté, il pourroit en réſulter de grands inconvénients. Aucun, je vous aſſure, il en réſulteroit, au contraire, que tout iroit mieux, parce qu'il n'eſt point d'homme qui ne ſçache mieux ce qu'il a à faire pour ſon propre intérêt, que ne le ſçavent le Roi, les Miniſtres & même Monſeigneur l'Intendant. On brouille tout en voulant conduire les affaires des autres, & l'on ne fait pas les ſiennes. Il me ſemble encore avec mon petit ſens, qu'il faut bien compter la juſtice pour quelque choſe. Or, la juſtice veut que je ſois abſolument libre... Mais juſqu'à un certain point, répond le Prince, à qui les principes du bon payſan paroiſſoient un peu dangereux... Non, Monſieur, je le répete. Libre, abſolument & ſans aucune reſtriction ; on ne peut pas être libre à demi, & c'eſt ne pas l'être du tout que de ne l'être qu'en partie. Mais je vois bien qu'il n'y a que le mot qui vous fait peine, je vais vous l'expliquer. Je crois moi, ſans être un grand Docteur, que la perſonne d'un homme ne doit rien à celle d'un autre homme, à moins qu'il ne ſe ſoit, dans le principe, engagé volontairement. Tout homme eſt donc maître de ſa perſonne ; conſéquemment il l'eſt auſſi de toutes ſes facultés, de ſes talents, de ſon induſtrie, car la perſonne n'eſt compoſée que de tout cela, ſans quoi elle ne ſeroit rien ; il eſt encore maître conſéquemment de ce qu'il a acquis par l'uſage de ſes facultés & de ſes talents & de ſon travail, ſans bleſſer le droit égal d'autrui. Voilà la vérité & l'ordre que le Roi doit reſpecter lui-même tout le premier, parce qu'il n'eſt Roi que pour le maintenir ; s'il fait donc lui ou ſes Miniſtres des Loix de fantaiſie, contraires à cette grande Loi de reſpect pour la propriété, Loi que je crois tout auſſi ancienne que le monde, je dis qu'avec les meilleures intentions il eſt dans l'erreur, & qu'il fait mal pour lui & pour les autres. Je dis mal pour lui-même, car ſon intérêt tient de près à celui de tout le monde. Voilà ce que dit la terre, que ces Meſſieurs qui conſeillent les Rois feroient bien quelquefois de conſulter ; elle leur parleroit une langue qu'ils ſeroient bien étonnés d'entendre. Tenez, Meſſieurs, par exemple, voilà une de ſes ſentences : qu'elle ne rend qu'en proportion de ce qu'on lui donne. Le Roi avec toute ſa puiſſance auroit beau lui commander par un Édit de rendre hors de cette proportion là, elle n'en feroit rien je vous aſſure. Si donc par quelque opération de ces Meſſieurs qui ordonnent tout, il arrive que je ſois forcé de rendre moins à ma terre en avances, elle n'en aura pas le démenti, elle me rendra moins en récoltes, & ſi je continue ainſi, elle ſe changera en landes & en friches, & bientôt il n'y aura plus rien ni pour le propriétaire, ni pour moi, ni pour le Souverain. Demain quand vous partirez d'ici, vous pourrez remarquer à votre gauche une cinquantaine d'arpents, dont la culture ne reſſemble pas à tout ce qui eſt autour : cela vous inſtruira mieux que tout ce que je pourrois vous dire ; car quoique le terrein ſoit également bon, faute d'avances je n'ai pu le cultiver comme le reſte. J'avois éprouvé de grandes pertes en beſtiaux ; pour réparer ces pertes & ſoutenir le même état de culture, il falloit vendre mes productions à un plus haut prix. Je fis une petite ſpéculation de commerce toute ſimple ; c'étoit d'envoyer mes récoltes chercher dans d'autres Provinces ou chez l'étranger, ce plus de valeur qu'elles ne pouvoient obtenir ici où régnoit l'abondance, où l'aisance & la concurrence de mes voisins qui n'avoient pas éprouvé mes pertes, avoient établi un prix médiocre. Au moment où tout étoit arrangé pour mes envois, on saisit mes productions, on me force de les rapporter au marché voisin, & on ajoute à ce traitement une petite ordonnance arbitraire qui m'oblige à payer les frais des procès-verbaux & de saisie qui m'avoient presque ruiné. Delà il est tout naturellement arrivé que j'ai laissé cinquante arpents sans culture, faute de moyens de les cultiver. Vous pouvez juger par-là, Messieurs, du profit qu'il y a pour tout le monde à gêner la liberté, & si en étendant ce petit principe là on n'arriveroit pas à ce que l'on paroît tant craindre, à la famine. Je crois que l'on a très-mal fait, dit Ismin, de vous obliger à vendre vos récoltes ici, dans un temps où il n'y avoit point de disette à craindre ; mais il me semble que dans le cas contraire où les denrées de premiere nécessité auroient été plus rares, on auroit agi avec sagesse & justice de vous défendre d'exporter vos récoltes. Vous venez de prononcer là un mot sacré, celui de justice, Monsieur, reprend le Fermier, prenez garde qu'il ne peut jamais être juste de disposer ainsi du bien d'autrui. Ces denrées pour être de pre-

miere

miere néceſſité n'en ſont pas moins à moi ; elles ſont le fruit de mes avances & de mon travail. Eh ! qui voudra donc enſemencer & courir les riſques de l'attente des fruits, s'il eſt permis au premier venu de ſaiſir la récolte, d'en diſpoſer à ſon gré, d'en taxer le prix, & de fixer le lieu où je dois vendre ? N'eſt-il pas évident d'ailleurs, pour répondre à toutes ces vaines inquiétudes dont on ſe plaît tant à entretenir le peuple, que dans les temps de cherté, je trouverai plus commode de vendre à ma porte à un prix bon & certain, que de prendre ce moment-là pour exporter mes récoltes, & aller chercher ailleurs un prix incertain & moindre, peut-être, avec beaucoup de travaux, de frais & de riſques ? Je me hâterai donc de vendre ; 1° parce que la terre qui attend la rentrée de ſes avances me preſſe ; 2° parce que je ſçaurai bien que dans l'état abſolu de liberté (ce que nous ſuppoſons) la production viendra chercher ſon prix là où le beſoin l'appellera, & que la concurrence aura bientôt fait d'établir un prix moindre que celui où je pourrois vendre dans le temps où je ſerois ſeul. Vous voyez donc que, quelque cupidité que l'on me ſuppoſe, je ſuis forcé par mon propre intérêt d'ouvrir mes greniers, & qu'il n'y a point

B

d'ordonnance qui puiſſe me le commander auſſi sûrement & auſſi promptement. C'eſt le monopole, ou le défaut de liberté, ou le privilege excluſif qui amene la diſette & la cherté ; l'abondance & le bon prix ſont les effets néceſſaires de la liberté ! C'eſt le bon prix qui ſoutient l'agriculture, qui diſtribue des ſalaires, c'eſt lui encore qui fait que le peuple ne crie point. Voyez les Provinces où les denrées ſont ſans valeur, bientôt elles finiſſent par n'avoir plus ni argent ni récoltes. Voilà ce que je dirois à un Roi, ſi jamais.... Pardon, Meſſieurs, je m'arrête, car je ne finirois pas ſur cet article là ſi je m'en croyois. Permettez que je vous conduiſe dans l'endroit où vous devez paſſer la nuit. (*b*)

CHAPITRE IV.

Réflexions du Prince. Triſte Pays. Dépôt de Mendiants

LE Roi ne manque pas de prier Iſmin de prendre note des raiſons du Fermier en faveur de la liberté, car tout cela étoit ſi neuf pour lui qu'il craignoit de l'oublier, quoique l'on eût beaucoup écrit en Lydie ſur cet objet important. Mais le Monarque s'étoit un peu laiſſé prévenir contre les livres, on lui avoit dit tant de fois qu'ils ne contenoient que des ſyſtêmes d'une exécution impoſſible dans la pratique, qu'il avoit fini par ne plus lire. . . . Au jour naiſſant ils reprirent leur route, comblés des vœux du bon Fermier qu'ils déterminerent à recevoir un petit préſent comme gage de ſouvenir, & non comme rétribution.

Eh bien, dit le Roi à Iſmin, voilà déjà une leçon dont j'eſpere profiter. Je ne ſçais trop quelles objections mon Conſeil auroit pu faire contre les raiſons que cet homme nous a données en faveur de la liberté. Il me ſemble, en effet, que ce ſeroit un grand travail de moins, ſi on laiſſoit chacun ſe gouverner à ſon gré. Je penſe abſolument comme votre Majeſté, répond Iſmin, jamais on ne ſçaura ce qui convient à tel de vos ſujets mieux que lui-même ; en vérité, cela vaut la peine d'être examiné de près à votre retour, je ſuis très-perſuadé qu'à ce principe-là tient une bonne partie de l'adminiſtration.

A meſure que les Voyageurs avançoient dans l'intérieur de la Province, en s'éloignant des routes royales qui conduiſoient à la Capitale, ils étoient fort étonnés de ne plus rencontrer que des cabannes éparses sur de vastes friches, quoique la nature de la terre leur parût également bonne. Des femmes pâles & déformées par la misere, des enfants presque nuds, des hommes sans vigueur se montroient aux portes de ces tristes habitations... Oh! dit le Roi, voici une malheureuse contrée, je crois qu'il seroit bien difficile de m'y donner une fête. Je ne me serois jamais attendu à trouver dans mes Etats des gens si misérables.... Vous me voyez, Seigneur, reprend Ismin, aussi étonné que votre Majesté; il me semble que l'académie d'agriculture de cette Province s'est un peu négligée.... Bon homme, dit le Roi à un des malheureux qui tendoit une main desséchée pour recevoir quelque aumône, quelle peut donc être la cause de la misere qui dévore ce triste pays...? Ma foi, Monsieur, je ne sçaurois trop vous le dire, répond le Paysan; tout ce que je vous puis assurer, c'est qu'il ne faut en accuser ni le ciel ni la terre, car le ciel y verse sa rosée avec abondance, & la terre ne refuseroit rien de tout ce qu'on lui demanderoit. — Mais on ne peut donc s'en prendre qu'à la nonchalance des habitants de ce pays? — Non, on auroit encore grand tort de les accuser. La terre a beau être fertile de ſa nature, elle ne fait que rendre, il faut donc commencer par lui donner, & nous manquons d'avances. J'ai vu, dans ma jeuneſſe, qu'il y avoit encore ici quelques grands atteliers de culture; mais tout ça s'eſt diviſé, s'eſt réduit à ce que vous voyez, & a fini par s'anéantir; nos récoltes ſont tombées ſans valeur.... Et comment cela? Nous ſommes éloignés de toute communication par les rivieres, les chemins de terre ſont devenus impratiquables, les frais excédoient le profit qu'il y avoit à exporter le ſurplus de nos denrées; elles ſont toutes reſtées dans le pays, qui bientôt a fini par ſe dévorer lui-même; & c'eſt grand dommage, en vérité, car il ſeroit difficile de trouver un meilleur ſol, il n'attend que des bras & de l'argent. Je réponds bien que cette Province rendroit bientôt au Roi l'intérêt de ſes avances par le profit qu'il en retiroit, s'il nous faiſoit ouvrir un canal pour joindre les deux rivieres qui coulent à ces deux extrêmités, & ſi, en attendant que cela fût fait, il nous envoyoit de ces Meſſieurs Ingénieurs pour couper deux ou trois bons chemins à travers cette immenſe étendue de plaines. Alors nous porterions nos récoltes là où elles nous ſeroient bien payées. Mais nous ne verrons jamais cet heureux temps-là ; aussi prenons nous notre parti. On abandonne le pays qui déjà ne suffit plus au petit nombre des ses habitants ; car le mal empire tous les jours, la main de l'homme n'y soigne plus rien. Il n'y a pas trente ans que ce marais-là que vous voyez étoit couvert de belles moissons. Voilà deux rabines qui se sont formées plus loin ; on les laisse aller leur train. Personne n'a ni la volonté ni les moyens d'arrêter leurs ravages. Les pierres & les ronces ont pris par-tout la place des épis ; mais, je le répete encore, il ne faut s'en prendre ni au ciel ni à la terre, ni à l'indolence des habitants, mais au malheur des temps — Comment au malheur des temps. . . . ? Sans doute, continue le paysan, apparemment que le Roi n'a pas moyen de remédier à cela, & qu'il est obligé de faire comme nos fermiers qui, faute d'argent, ont abandonné leur culture ; car il doit bien sçavoir en quel état est ce pays-ci, & ce qu'il doit sçavoir encore, c'est qu'il ne lui rapporte rien. On a beau nous envoyer des gens de sa part pour nous faire payer, nous menacer, & nous avons toujours la même réponse à leur donner. Il nous est bien impossible de payer. Si vous voulez prendre la peine d'entrer dans l'un ou l'autre de ces maiſons, vous verrez ce qu'on peut nous prendre. Et voilà notre nourriture, ajouta-t-il en montrant un morceau de pain noir, d'un goût affreux. C'eſt pénible de ſe contenter de ça ſur une terre qui ne demande qu'à nourrir ſon habitant de pur froment. Nous ſemons ici quelques miſérables graines qui, comme vous voyez, ſuffiſent à peine à la plus groſſiere & à la plus modique ſubſiſtance. Il ne nous reſte rien à échanger contre des vêtements & pour les autres beſoins premiers de la vie ; nous n'avons perſonne à qui offrir nos travaux ; auſſi notre jeuneſſe va-t-elle chercher ailleurs des ſalaires & du pain.... Le reſte de la Province, dit le Prince, eſt-il ſemblable à ce que je vois ? A peu près, répond le Payſan, ſi l'on en excepte les environs de quelques Villes. Mais je vous remercie, Meſſieurs, du ſecours que vous m'avez donné & je vous laiſſe, car j'apperçois les Gardes qui arrêtent les mendiants, & ils pourroient bien, quoique votre bonté m'ait prévenu, ſuppoſer que j'ai demandé... Les Gardes paſſerent en regardant fiérement les deux Voyageurs, & le Roi ne put s'empêcher de trouver l'air de la Police de ſes États un peu inſolent. Comme il vouloit reprendre la conversation, il rappella le paysan, qui ne se montra qu'après s'être bien assuré que les Gardes étoient éloignés. Comment, dit le Monarque, on vous arrête quand vous mendiez ? — Oui, Monsieur.... Et que fait-on de vous ? — On nous conduit dans une vaste prison que l'on appelle dépôt, à quelques lieues d'ici.... — Eh bien ! — Là on nous entasse dans des salles obscures & mal-saines, où l'on nous garde jusqu'à ce qu'elles soient tout-à-fait remplies ! Alors on met à la porte les plus anciens, sans argent, sans secours, exténués par le défaut d'air, la mauvaise nourriture & l'ennui de la captivité, en nous recommandant bien de ne pas mendier si nous ne voulons pas courir les risques d'être repris. C'est une promesse que l'on fait & que l'on ne peut tenir ; car quand on n'a pas la force de travailler, ni l'occasion du travail, il faut bien demander... Mais les ordres du Roi sont tels, dit-on ; aussi sont-ils exécutés à merveille par ces Messieurs qui ne négligent aucun des moyens propres à détruire les mendiants, sans pour cela détruire la mendicité. Le Roi indigné de ces détails, cherchoit encore à se persuader que le paysan les avoit un peu exagérés. Il lui proposa de le conduire à la prison, dépôt de ces malheureux. Quelle fut sa douleur, quand il reconnut que les horreurs qui frapperent ses regards étoient encore au-dessus du récit qu'il venoit d'entendre. . . ? Ah ! bon Ismin, dit-il à voix basse en se retournant vers son confident, sortons de cet enfer, je me trahirois ! Que ne puis-je sur le champ témoigner au Satrape de cette Province toute ma reconnoissance de sa bonne & sage administration ! (*c*)

CHAPITRE V.

Colere imprudente du Roi : il est arrêté, & reçoit une excellente leçon.

LE Prince n'avoit pu se contenir au point de ne pas laisser échapper quelques marques de l'indignation que lui avoit inspirée ce spectacle ; Ismin n'avoit pas été plus sage, & cela avoit été remarqué. Ils alloient continuer leur route, quand ils furent abordés par un petit homme qui leur demanda comment ils trouvoient l'ordre intérieur du dépôt, & si en Perse, dont il les croyoit habitants, on administroit avec autant d'intelligence & de douceur. . . Qui êtes vous, Monsieur, répondirent nos deux Voyageurs par une autre queſtion ? « Je ſuis, Meſſieurs, » l'Entrepreneur, le Directeur de cette mai- » ſon ; la place eſt aſſez bonne, vue ſous le » rapport d'Entrepreneur ; & vue ſous celui de » Directeur, c'eſt un poſte d'honneur & de » confiance : auſſi puis-je dire que je me con- » duis parfaitement ſous ces deux rapports. » D'ici à très-peu de temps, j'aurai retiré au- » delà de ce que j'ai donné au Secrétaire de » Monſeigneur pour obtenir la place, & Dieu » aidant, je jouirai d'une fortune honnête. En » attendant, l'ordre que j'ai établi ici eſt tel » que ceux qui en ſortent ne ſont pas tentés » d'y revenir... » Retire toi, monſtre, reprit le Souverain tranſporté de colere ; que ne puis-je t'établir toi & tes maîtres abominables à la place de vos malheureuſes victimes ! Le petit homme ſe retira, mais bien réſolu de ne pas laiſſer une telle injure impunie... Votre Majeſté, dit Isinin au Roi, vient de commettre une imprudence ; je crains bien qu'il ne nous arrive quelque petit déſagrément de la liberté avec laquelle elle s'eſt permis de parler à M. le Directeur... Le plus prudent, ce me ſemble, ſeroit de nous écarter un peu du grand chemin, & de faire quelques lieues à travers la plaine pour rompre nos traces.... J'ai un preſſentiment. . . . Iſmin alloit achever, quand au détour du chemin qu'ils étoient ſur le point de quitter, ils apperçurent trois hommes à cheval qui leur ſignifierent *de par le Roi* l'ordre de revenir ſur leurs pas. . . . Comment *de par le Roi*, dit le Prince ? Mais il n'acheva pas, il fut retenu par un ſigne que lui fit Iſmin. . . Les Gardes les conduiſent à la Ville voiſine, lieu de la réſidence du Satrape de la Province, mais qui dans ce moment n'y réſidoit pas. . . A ſon défaut, ils furent amenés devant le Secrétaire de Sa Grandeur. C'étoit un Sous-Satrape qui, dans l'abſence de ſon maître, adminiſtroit, commandoit & défendoit tout auſſi bien qu'il auroit pu faire. Il habitoit le même Palais, il avoit copié la dignité de ſon maintien & l'importance myſtérieuſe de ſes airs, & ſon revenu montoit à peu près à vingt mille livres de notre monnoie. Meſſieurs, dit-il, dès l'entrée, aux deux Voyageurs, n'êtes-vous pas des Négociants Perſans.. ? Oui répond le Roi, qui ſentoit la néceſſité de ſe familiariſer avec les queſtions. Eh bien ! reprit le Sous-Satrape avec ce demi-ſourire de l'inſolence qui affecte le ton de l'ironie, je vous conſeille de vous en tenir à vos affaires de commerce, & d'éviter déſormais de vous permettre des propos ſéditieux, injurieux & attentatoires à l'autorité. Monſieur, dit Iſmin, qui craignoit que le Roi ne ſe trahît par une répartie un peu trop vive, nous ſommes coupables, je l'avoue, d'une légere indiſcrétion. Nous aurions dû nous contenter de plaindre le ſort cruel de tant d'infortunés dont nous ne pouvions ſoulager la miſere, ſans en dire notre avis à Monſieur le Directeur. Voilà tout notre crime ; mais nous pouvons vous aſſurer mon compagnon & moi, que notre intention n'a jamais été de manquer au reſpect dû à l'autorité. . . . Soyez plus circonſpects à l'avenir, reprit encore le tout puiſſant Secrétaire d'un ton impérieux, on vous pardonne en votre qualité d'étrangers ; mais ſongez bien que nous ne ſouffrons ici ni obſervateurs ni raiſonneurs. Profitez de l'avis. . . . Oui, Monſieur, répond le Roi, je vous jure, en vous rendant mille graces, que je ne l'oublierai pas. . . . Ah ! je l'avoue, dit le Prince, dès qu'ils furent un peu éloignés du Palais, j'aurois vécu mille ans entouré de mes Grands & de mes Secrétaires d'Etat, ſans imaginer comme poſſible rien de tout ce que je rencontre à chaque pas. . . . Continuons, cher Iſmin, & en attendant quelque nouvelle ſcene, cauſons un peu de ce que nous avons vu pour le noter avec plus de ſûreté.

CHAPITRE VI.

Converſation des deux Voyageurs. Le Roi eſt arrêté à une barriere pour cauſe de contrebande.

JE vois clairement, dit le Roi à Ismin, en portant triſtement ſes regards ſur les landes qu'ils traverſoient, que cette terre, comme nous l'a fort bien dit le payſan, ne demande qu'à produire; qu'avec des canaux & de la liberté, il reſteroit très-peu de choſe à faire pour l'adminiſtration & la ſociété royale d'agriculture. Je le crois, répond Ismin, on pourroit ajouter à tous les avantages qui réſulteroient de ce nouvel ordre de choſes, celui de renvoyer Monſieur le Directeur du dépôt des mendiants, ſans attendre même qu'il ait fait la fortune qu'il eſpere; ce qui allégeroit de beaucoup l'adminiſtration du Satrape de cette Province & de Monſieur ſon premier Secrétaire; car néceſſairement il y auroit ici du travail & de bons ſalaires. Je ne vois gueres d'autres moyens pour détruire la mendicité! Mais, pour ouvrir des canaux & faire des chemins, il faut de l'argent, & franchement Votre Majesté n'en a gueres... Quel malheur, dit le Roi, que mon Conseil des finances ne m'ait pas averti de ce que je vois! Je me serois bien gardé de consentir à tous ces projets d'embellissements qui ont coûté des sommes immenses pour ne rien rapporter. Une partie de tout cet argent-là auroit suffi pour fertiliser cette Province, il m'en seroit revenu bien au-delà de ma mise, & je n'aurois pas à payer les frais du dépôt des mendiants. Assurément, je le répete avec douleur, le Corps de mes Ingénieurs des ponts & chaussées qui me coûte beaucoup en argent & en prétentions, seroit infiniment mieux & plus utilement occupé à ouvrir des canaux dans des Provinces éloignées, qu'à tracer de belles routes aux environs de ma Capitale, trop larges des deux tiers sur lesquels on ne va que très-rarement, tandis que l'on verse sur le tiers le plus fréquenté.... A propos de cela, reprend Ismin, c'est encore une des manies de votre administration de tout mettre en départements, à la tête desquels il arrive bientôt des Messieurs qu'il faut payer d'une maniere convenable à leurs titres & dignités, & cela est fort cher. Avant l'établissement de tous ces Corps, on sçavoit construire des ponts & des chemins, & je crois qu'en payant, tout iroit fort bien encore sans eux. Il n'est point du tout nécessaire, pour tracer un plan ou commander des pionniers & des maçons, de s'armer d'une longue épée, & de se revêtir d'un habit de guerre. Passe encore pour vos Ingénieurs Militaires; mais pour ces Messieurs de l'intérieur, quoi qu'il en soit de leur importance, e les trouve excessivement chers. Ils s'entretenoient ainsi quand ils furent interrompus par n homme qui arrêta leurs chevaux, en leur emandant s'ils n'avoient rien à déclarer. Ils apperçurent qu'ils étoient auprès d'une Ville ont l'entrée étoit fermée par une barriere. Comme le Roi parut un peu étonné de la uestion, le Commis jugea que nos Voyageurs ouvoient bien être porteurs de quelques marnandises dont l'entrée étoit défendue, & il leur ropofa très-civilement de descendre pour lui isser la commodité de fouiller les porte-manaux. Il faut se résigner, dit Ismin d'une oix basse au Monarque, vous voyez que ces essieurs servent Votre Majesté avec un zele mirable, & qu'ils seroient au désespoir qu'on udât le moins du monde sur ce qui vous est .... Vous n'avez donc rien à déclarer qui ive droits d'entrée ou qu'il soit défendu de re entrer, dit le Chef des Alguazils, d'une voix de tonnerre ? Je ne ſçais trop, répond Ismin : on procéde à l'examen des effets.... Ah ! ah ! s'écrie avec tranſport un des Commis, Meſſieurs, vous vous arrêterez un peu plus que vous ne le penſez, car il nous faudra le temps de verbaliſer : voilà, graces au Ciel une fraude bien conſtatée, & de nature à vous mener loin : il s'agiſſoit d'une denrée, production de la Province d'où ils ſortoient, dont le commerce excluſif avoit été attribué à une Compagnie qui en défendoit toute exportation.... Comment, dit Ismin, mais il me ſemble, Meſſieurs, que les productions de l'intérieur de l'Empire ne doivent être aſſujetties à aucune taxe pour paſſer d'une Province à une autre Province. Voilà préciſément ce qui vous trompe, mon ami, reprit un des Commis dont l'emploi étoit de faire entendre raiſon aux Voyageurs ; non-ſeulement les marchandiſes de l'intérieur paient à leurs différents paſſages & ſouvent le double de leur valeur pour peu qu'on les faſſe voyager, mais il en eſt beaucoup encore qui, de leur nature, ſont contrebande & qui, quoique productions du Royaume, ſont néanmoins reſſerrées dans les bornes de la Province qui les a vu naître.... Mais comment reprit encore Ismin, qui ne pouvoit ſe perſuader

der, comme le disoit le Commis péroreur, que la nature eût pris la peine de former des productions qui fussent contrebande par essence..? Ah! doucement, Monsieur, reprit avec humeur cette fois le Commis, lassé des questions. Nous sommes établis ici pour fouiller, verbaliser, arrêter, & point du tout pour raisonner. L'amende est de tant, & vos effets confisqués, i mieux n'aimez aller en prison. Payez donc vous irez après, si bon vous semble, demander le pourquoi à Nosseigneurs les Fermiers u Régisseurs généraux... Le Roi étoit muet 'étonnement, sans pouvoir comprendre un mot e tout ce qu'il entendoit, quoiqu'on eût bien oulu lui lire le procès-verbal.... Partons, lui it Ismin, & pour des contrebandiers, nous vons bien à remercier le Ciel d'en être quittes si bon marché. Mais, lui répond le Prince, jettant un regard de pitié sur des infortunés ui se désespéroient dans un coin de la douane, que l'on alloit conduire en prison, faute des oyens de payer l'amende à laquelle ils venoient être condamnés pour un crime semblable, je oudrois pouvoir tirer d'embarras ces malheuux.....Cette générosité nous trahiroit, dans moment, continue Ismin, Votre Majesté ur fera passer secrettement des secours pour les tirer de la priſon où ils vont être conduits mais payons & partons, de peur qu'il ne prenne une ſeconde fois fantaiſie à ces Meſſieurs de verbaliſer.... Bon voyage, leur di-rent avec ironie les Commis; que cette petite affaire vous ſerve de leçon. En vérité, il n'y a plus de bonne foi ſur la terre, nos Supérieurs ſont trop doux, il faudroit, pour l'exemple, envoyer aux galeres la moitié de ces fripons-là; la contrebande eſt cette année de moitié plus forte que l'année derniere... Nos Voyageurs s'éloignerent de la funeſte barriere bien dévaliſés & confondus de la courtoiſie avec laquelle on recevoit les étrangers aux portes des Villes.

CHAPITRE VII.

Choſes fort étranges qu'on ne ſeroit jamais venu dire au Roi dans ſon Palais. Réflexions d'Iſmin ſur la maniere de travailler en finance.

LE Roi & Iſmin arrivés dans une Hôtellerie, alloient, en attendant le ſouper, causer de la douce maniere de percevoir l'impôt, quand ils virent entrer dans une chambre voisine de celle qu'ils occupoient, un homme âgé, l'air triste, abattu & les yeux remplis de larmes. Ismin ne manqua pas de demander au maître de la maison quelle pouvoit être la cause du chagrin dont cet homme paroissoit accablé. . . Il a bien raison d'être triste, répond l'hôte : il y a deux ans, au plus, que ce digne homme étoit le plus riche Négociant de la contrée, & le voilà ruiné. Un valet qu'il avoit chassé & qui entra au service d'un autre Négociant, trouva le moyen, pour se venger, de cacher dans des ballots qui lui étoient destinés des marchandises dont l'entrée étoit défendue sous les plus rigoureuses peines : le scélérat ne manqua pas de faire avertir les Commis des barrieres dont il s'étoit fait espion ; cela est arrivé deux fois à l'insçu de cet honnête Négociant qui ne pouvoit soupçonner l'auteur de cette abominable manœuvre : il est ruiné aujourd'hui par un second procès qu'il a eu à soutenir contre la Ferme. A chaque instant nous voyons des événements de cette nature-là, & personne n'ose rien dire, car ces Messieurs verbalisent avec une grande promptitude, & le plus leger mot coûteroit cher. En vérité, c'est bien dommage, continue l'hôte, qui avoit la très-louable coutume de ne jamais finir un discours sans y joindre une réflexion, que dans la Capitale où il y a tant d'esprit & où l'on invente à tous moments de si belles choses, il ne se trouve pas quelqu'un qui imagine une autre maniere de donner au Roi ce qui lui appartient... Le raisonneur fut interrompu dans ce moment par une voix qu'il l'appelloit.... Je vous quitte, Messieurs, car j'entends là-bas Messieurs les Commis qui viennent examiner ce que l'on a bu de vin chez moi depuis hier... Comment, dit le Roi..? Je reviens dans l'instant vous conter le reste.... L'homme partit & revint peu de temps après, mais l'air un peu agité.... Et que vous est-il donc arrivé de fâcheux dans un moment, lui dit le Prince? Parbleu, répond l'hôte, tout en parlant de procès, j'ai pensé en avoir un là-bas. Il semble que cela porte malheur. La sonde ne s'accordoit pas avec la marque... On vient donc, dit le Roi, fouiller, examiner ce que vous faites chez vous, & calculer ce qu'on y boit & ce qu'on y mange...? Non, pas tout-à-fait, reprend l'hôte, on nous laisse assez manger sans examen, mais il n'en est pas de même pour boire. Indépendamment des droits que chaque tonneau de vin paye pour entrer, & de tout ce qu'il coûte depuis la vigne jusqu'à la cave pour passer debout, couché, dans tous les sens possibles, on établit encore des Commis qui viennent régulièrement tous les jours sonder l'intérieur de ce tonneau, & marquer ce qu'il contient à mesure qu'il se vuide. La plus petite erreur, la plus petite négligence peut me faire soupçonner de fraude, & alors un procès ; c'est ce que j'ai pensé d'éprouver dans ce moment-ci. Je vous en dirois bien d'autres, continue l'hôte qui ne s'arrêtoit pas facilement quand il étoit une fois sur le chapitre des Commis, mais je craindrois de vous ennuyer.... Sur l'assurance qu'on lui donna qu'il seroit écouté, il reprit ainsi avec l'air de la plus grande satisfaction. Pour commencer, par le détail des droits, il faut que je fasse un petit effort de mémoire, car ils sont nombreux. A l'entrée de la Capitale, par exemple, une outre, ou un tonneau de vin paye à peu près pour trente-deux droits différents, & il en a payé presque autant pour arriver là. C'est un vrai grimoire que toute cette légende ; anciens cinq sous, nouveaux cinq sous, subvention, quatre sous pour livre, sou pour livre ancien, sou pour livre nouveau, Inspecteurs aux boissons, droits des Villes, hôpitaux, don gratuit, gros, augmentation, jaugeage, courtage. Personne, comme vous le voyez, Messieurs, ne peut rien entendre à tout cela : si le vin a été revendu, la plupart de ces droits se doublent ; à chaque pont, à chaque pas, toujours l'argent à la main.

Pour percevoir tant de droits exigibles à la récolte, à la fabrication du vin, vous jugez bien qu'il faut des légions de Commis ; aussi en sommes-nous inondés. Les uns se tiennent, comme vous l'avez vu, aux portes des Villes ; les autres sur les grands chemins, où ils battent la campagne à pied & à cheval ; d'autres viennent fouiller dans nos maisons, ou passent la nuit à nos portes pour épier le moment de nous surprendre au réveil. Dans les pays sujets à l'espece de droit dénommé droit d'inspecteurs aux boissons, on visite comme cabaretiers, tous les citoyens, excepté ceux de la classe la plus élevée. Alors on leur fixe la quantité de vin qu'ils doivent boire, & sur l'excédent de cette quantité fixée, on leur fait payer le droit très-bien appellé le *trop bu*. Ce trop bu qui se paye pour le détail dans les Villes, se perçoit pour la vente en gros dans les campagnes, & on part d'un principe qui, comme vous allez le voir, n'est pas trop honnête. On suppose que ce que les citoyens peuvent avoir réellement consommé ſé vin, au-delà de la portion qui leur a été ixée, a été vendu en fraude, & ce droit n'eſt lors qu'une ſuppoſition de délit. Ajoutons à tout ela que Meſſieurs les Commis ſont à la fois uges & parties, & maîtres abſolus du ſort des itoyens qui ſont jugés & condamnés ſur leurs rocès-verbaux, & ils ont toujours leur intérêt ans ces procès; car la plus forte partie de eurs gages eſt compoſée des émoluments qu'ils etirent du partage des amendes & confiſcations, & ce n'eſt encore que par ce moyen qu'ils euvent s'avancer vers les grades ſupérieurs; n juge de leurs talents, zele, travail & acti- ité par le nombre des procès qu'ils font. l ſuit delà que nous ſommes ſans ceſſe entou- és de milliers d'hommes qui ont le plus grand ntérêt à notre ruine, & tôt ou tard il eſt bien ifficile d'échapper à une mauvaiſe affaire, quoi- ue l'on ait la meilleure intention du monde. n voici un exemple. Un coquin, eſpion des Commis, vint un jour s'aſſeoir à ma porte, vant que je fuſſe cabaretier, & là fit ſemblant e ſe trouver mal: je fus ſa dupe & lui ffris charitablement un verre de vin. Dans le oment où il le buvoit, arrivent les Commis ui ſaiſiſſent le verre. Le ſcélérat répond à eurs questions que je lui ai vendu le vin

J'avoue que je restai muet d'étonnement & confoudu de l'aventure. On me condamna comme coupable de fraude, & je ne sortis de ma surprise que pour payer l'amende. Vous croyez bien, Messieurs, qu'on n'est plus tenté d'exercer la charité, quand on a fait une épreuve de ce genre-là, & qu'on n'ose plus offrir un verre de vin à un malheureux qui en a réellement besoin; ni en envoyer une seule goutte à une pauvre femme malade, à des ouvriers accablés de fatigue dans les champs. Messieurs les Commis font que nos bonnes œuvres, pour le petit nombre de ceux qui osent encore en faire, ont plus de mérite, car il faut qu'elles soient bien secrettes. Le danger est plus grand encore pour le sel & certaines autres denrées, car on est condamné à l'esclavage & à l'infamie, & le plus honnête homme du monde ne sçauroit répondre que ce traitement ne sera pas un jour le sien; un ennemi, un Commis mal intentionné (& dans le fait ces Messieurs ne doivent pas se choquer de l'expression) peuvent cacher du sel ou tel autre denrée prohibée chez l'homme le plus honnête; on vient faire alors la perquisition à coup sûr, puis voilà le procès & la ruine, & toujours de par le Roi, comme si le Roi sçavoit un mot de tout cela.

Ah, s'il pouvoit voir quelques-uns de ces détails ! Meſſieurs, dit l'hôte en ſe retirant, je me ſuis laiſſé un peu aller, parce que j'ai penſé que, comme étrangers, vous ne ſeriez pas fâchés de ſçavoir comme tout s'arrange ici ; mais le ſecret, je vous prie. . . . Eh bien, dit le Roi à Ismin, dès que l'hôte ſe fut retiré, voilà une leçon que je n'aurois jamais reçue dans mon Palais. Ciel, quelles étranges vexations ! Il n'eſt pas poſſible d'imaginer que cette maniere là ſoit la ſeule de payer le tribut. . . . Il réſulte de tout ceci, dit Ismin, que je ne connois pas de plus triſte rôle que celui que l'on fait jouer à Votre Majeſté ſans qu'elle s'en doute ; fouiller dans les poches de tout le monde, examiner ce que l'on boit pour en prendre ſa part, arrêter à chaque pas, verbaliſer, confiſquer, empriſonner, ruiner ; il eſt aſſez difficile de reconnoître ſous ces traits une autorité tutélaire, protectrice & conſervatrice des droits de tous. Il eſt d'ailleurs très-certain que cette adminiſtration doit coûter des frais immenſes à Votre Majeſté & à la Nation, & épuiſer les ſources des revenus. . . Rien n'eſt plus clair, répartit le Prince. Ces établiſſements de douanes, de barrieres, les gages des Commis, les bénéfices des traitants, tout cela eſt de moins pour mon revenu & de plus en charge très-directe sur la Nation, qui ne me doit au fait que ma part. Ne seroit-il pas plus simple d'aller droit prendre cette part à la source même des revenus, sans Commis, sans Procès, & de laisser ensuite chacun disposer de la sienne à son gré ? Voilà précisément ce que disoit un livre dont j'ai eu l'honneur de parler il y a quelque temps à Votre Majesté, & contre lequel elle avoit quelques préjugés, parce qu'il renfermoit plusieurs principes de liberté qu'elle n'approuvoit pas. J'espere cependant, Seigneur, que vous daignerez dans quelque moment de loisir revoir ce que beaucoup d'honnêtes gens ont écrit sur cette liberté, & ne pas confondre avec la mal-adresse d'une prétendue opération tentée dans ce genre, des vérités qui valent au moins la peine d'être examinées de très-près. Votre bonté a pardonné dans le temps aux auteurs de cet odieux complot; elle les a donc connus; mais le préjugé est resté, quoiqu'il ait été bien démontré que cette émeute que les mal intentionnés appelloient soulevement des Peuples, n'étoit soutenue que par quelques polissons audacieux que l'on payoit pour faire du train & crier à la famine. Plus nous allons & plus je vois que le livre dont je parle a raison.

CHAPITRE VIII.

Le Roi est arrêté par des voleurs qui raisonnoient à merveille.

LE Roi Melès & Ismin s'entretenoient comme d'ordinaire de tout ce qu'ils avoient appris dans la Ville qu'ils quittoient. Ismin disoit les plus belles choses du monde sur les Commis & sur les barrieres ; le Roi s'épuisoit en projets sur les moyens de détruire ces funestes établissements ; tous deux convenoient enfin de la nécessité de rendre aux malheureux Lydiens la liberté d'entrer chez eux & d'en sortir sans payer, & de boire tant qu'ils voudroient, sans qu'il fût permis de les troubler. Le Prince s'applaudissoit d'avoir trouvé que cette liberté donneroit plus de valeur aux productions par la rapidité des échanges, & conséquemment augmenteroit les revenus de la Nation ; son cœur jouissoit d'avance du spectacle d'un vaste & fertile territoire cultivé par des Peuples libres, dont l'aisance n'auroit plus d'autres mesures que celles de la fécondité de la terre & du développement de l'industrie dégagée de tous ses liens. Le sensible & bienfaisant Monarque versoit des larmes d'attendrissement sur cet avenir qu'il se flattoit de voir, quand, tout à coup, une troupe de brigands les arrête en les menaçant de les tuer s'ils font la plus legere résistance. Voici, dit Ismin au Prince, l'inconvénient qu'il y a de voyager sans gardes. Mais que Votre Majesté ne se trouble point, & j'espere que nous nous en tirerons. Ismin n'avoit pas achevé, qu'un des scélérats proposa à ses camarades de se défaire très-promptement des deux Voyageurs. Ismin effrayé du danger, plus pour le Roi que pour lui-même, alloit hasarder, comme derniere ressource, de nommer le *Roi*, persuadé qu'à ce nom sacré les brigands tomberoient à ses pieds ; cependant il préféra d'essayer de les fléchir... Vous parlez à merveille, lui répond un des voleurs qui, de plus, étoit mauvais plaisant ; mais, en conscience, Messieurs, vous conviendrez avec nous que nous ne pouvons gueres nous dispenser de vous tuer ; car si nous sommes pris après vous avoir volé tout simplement & sans violence, nous serons punis de mort comme si nous étions coupables de meurtre. La Loi traite tout cela également. Le danger est le même pour nous dans l'un & l'autre cas : pour peu qu'on ait l'esprit juste & conséquent, on est forcé d'avouer que notre sûreté exige que vous soyez tués. L'argument étoit terrible. Ismin ne voyoit plus de moyens de répondre qu'en nommant le Roi, quand le chef de ces malheureux ramena les avis à un parti plus doux, en exigeant seulement des Voyageurs leur parole d'honneur de ne point les dénoncer.... Fuyons dit Ismin, dès qu'il vit les brigands un peu écartés, il seroit à craindre qu'ils ne changeassent encore une fois d'avis. Remercions la Providence, reprit le Roi, d'avoir échappé à ce danger; elle a voulu que je le visse de près pour me faire sentir les suites funestes d'une loi meurtriere qui confond les crimes dans une même peine. Mon Chancelier n'a probablement jamais été menacé de la mort par des voleurs. Je crois que la leçon l'auroit éclairé, & qu'il auroit vu qu'il y a quelque danger à punir également deux crimes aussi différents que celui de voler sans tuer, & celui de tuer & de voler. En vérité, reprend Ismin, je jure bien d'en dire aussi pour ma part deux mots à M. le Chancelier, je crois qu'avec toute sa jurisprudence, il auroit été passablement embarrassé de répondre quelque chose qui eût le sens commun au drôle qui nous a si vertement argumentés. . . . Ces Meſſieurs, ajouta le Prince, font des Loix tranquillement dans leur chambre, ou commentent celles qui ſont faites bien ou mal, ſans trop ſe donner la peine d'en examiner les ſuites; il faudra que je les envoie prendre quelques leçons ſur les grands chemins, continua le Monarque en s'égayant un peu, ce dont il avoit beſoin, ainſi que ſon confident, qui n'étoit pas bien remis encore de l'effroi que lui avoit inſpiré le danger qui avoit menacé les jours de ſon Auguſte Maître. (*d*)

CHAPITRE IX.

Autre rencontre qui n'étoit pas faite pour raſſurer. Commis des gabelles. Converſation avec un Philoſophe de Province.

LE Prince & Iſmin touchoient aux limites de la Province qu'ils venoient de parcourir, quand ils apperçurent une troupe de gens armés, mal vêtus & en tout d'un aſpect plus ſiniſtre que les brigands auxquels ils venoient d'échapper. Dieu nous protege encore cette fois, dit le Monarque, voilà sûrement le gros de la troupe dont nous avons rencontré un détachement. . . Il alloit continuer, quand ils furent entourés de ces gens armés. . . Messieurs, leur dit Ismin que l'on fouilloit déjà, vous pouvez vous dispenser de cette cérémonie, dans cet instant même nous venons de rencontrer de vos Messieurs qui ne nous ont rien laissé. . . . Point de réplique ni de mauvaise plaisanterie, dit le chef de la troupe, & on continua de le fouiller jusqu'à la peau. . . Ce ne sont point là des voleurs, dit le Roi tout bas à Ismin, dès qu'il les vit un peu éloignés. . . . Je ne sçais trop qu'en penser, répond Ismin, ils ne nous ont rien pris parce qu'ils n'ont rien trouvé à nous prendre; mais on ne peut pas croire que leur intention soit fort honnête à en juger par la maniere dont ils se comportent. Ce pourroit bien être cependant quelque forme d'administration que nous ne connoîtrions pas. . . . . Oui, dit le Prince, après ce que nous avons vu aux portes des Villes, nous devons suspendre notre jugement. . . . Monsieur, continua-t-il en adressant la parole à un voyageur qui marchoit à quelque distance d'eux, pourriez-vous nous dire quelle est la profession de ces gens qui vous ont fouillé ainsi que nous. . . Monsieur, répond le voyageur, ce sont des Troupes du Roi commandées par Messieurs les Régisseurs ou Fermiers généraux... Comment des Troupes, répond le Roi avec étonnement ? Oui Monſieur, continue le voyageur, cette ſorte d'armée eſt à peu près de vingt mille hommes ſur les frontieres, ſans compter beaucoup d'autres Corps d'infanterie peſante qui reſte toujours aux portes des Villes, & la Cavalerie des Aides..... Ces Meſſieurs ſont des étrangers ? Oui, dit Iſmin, c'eſt ce qui fait que vous nous voyez un peu étonnés.... Le ſervice de ces Troupes eſt donc de fouiller les paſſants.... ? Sans doute, Monſieur, quoiqu'il n'y ait rien de plus ſimple & de plus naturel, je vais vous expliquer cela. Vous n'ignorez pas ſûrement que le ſel eſt une denrée de premiere néceſſité, car j'imagine que dans la Perſe, que je crois être votre Patrie, comme en Lydie, l'uſage du ſel eſt journalier & indiſpenſable, & que nulle part ce n'eſt une affaire de fantaiſie. Eh bien, Meſſieurs les Fermiers généraux ou Régiſſeurs (je ne ſçais trop ce qu'ils ſont) ſe chargent de faire valoir les droits du Roi ſur cette denrée. Il eſt quelques Provinces qui échappent à leur inſpection, en vertu de certaines conventions particulieres. Telle eſt celle, par exemple, dont vous voyez la frontiere. Ici, dans ce lieu même où j'ai l'honneur de

vous

vous parler, le sel coûte douze fois plus qu'il ne coûte au delà de ce poteau que vous voyez planté à cent pas du chemin. Cela posé, vous voyez clairement qu'il faudroit que les habitants de la Province dans laquelle nous sommes, fussent plus que des Anges pour n'être pas tentés & ne pas succomber à la tentation d'aller à cent pas d'eux chercher du sel à bon marché pour leur consommation, & même pour le revendre dans l'intérieur. Les Messieurs qui se chargent de la perception des Impôts, & qui se connoissent parfaitement en calcul de profit, ont bien senti que celui qu'il y auroit à faire dans ce genre de contrebande seroit du plus grand attrait. Ils n'ont donc pu, après avoir profondément étudié le cœur humain, trouver d'autre obstacle à opposer à cet inconvénient, qu'une armée qui bat le pays jour & nuit. Ensuite, pour assurer le débit du sel royal, ils ont taxé d'autorité chaque ménage qui est contraint d'en prendre tant de livres. Bien des gens trouvent que cet arrangement n'est pas parfaitement juste, & qu'une telle administration doit nécessairement produire de grands désordres. Mais je le crois, répond le Roi ; & vous avez raison, continue le Voyageur, car voici à peu près ce qui en résulte ; il s'établit une guerre intestine entre les Troupes des Contrebandiers & celles des Commis. On tue les uns, on prend les autres que l'on envoie aux galeres, ou que l'on pend quand la nécessité de l'exemple l'exige, & tout cela au nom du Roi, qui, je crois, est bien loin de se douter de ces horreurs-là. On ne voit, de toutes parts, que ruses, délations, combats, emprisonnements, miseres ; on n'entend que des clameurs de femmes qui redemandent leurs maris, & des cris d'enfants qui n'attendent que l'âge de la force pour entrer en guerre avec les Commis : daignez toujours observer que Commis & Contrebandiers n'en sont pas moins toujours des Citoyens qui, sous un autre régime, vivroient en paix. Voici pour la forme : venons au fond. Naturellement on croiroit que de si étranges abus devroient au moins être compensés par de grands avantages pour la Nation & le Souverain : mais vous allez en juger. La Nation paye nécessairement tout ce qu'il en coûte en frais de régie, d'espionnage, de gardes, de visites ; tous les gages des Employés, les profits, & à cela même vous ajouterez les frais de la contrebande ; car quoique le Contrebandier se contente d'un gain bien inférieur à celui de la Ferme ou de la Régie, encore est-il juste qu'on lui tienne compte, & de sa peine & des dangers auxquels il s'expose ; enfin, les frais de procédure, de contrainte, de confiscation. Quelques raisonneurs, amis du bien, ont calculé que le sel marchand, y compris l'impôt, ne vaudroit par-tout le Royaume que très-peu au delà de ce qu'il vaut dans cette Province ; que le Roi retireroit beaucoup plus d'argent d'une forme d'impôt plus simple, & que l'on pourroit alors occuper plus utilement les Commis & les Contrebandiers. Ces mêmes raisonneurs assuroient qu'il avoit existé des genres d'imposition, tels que les frais passoient le triple du produit, & qu'il sembloit que le Souverain payoit exprès des traitants, avec leur innombrable suite, pour vexer sa Nation, la ruiner, & épuiser conséquemment pour lui-même toutes les sources des revenus. Mais pourquoi, dit le Prince, n'a-t-on pas représenté au Souverain les désastres de ces impositions ? Cela a été fait, Monsieur, dans des milliers d'ouvrages que le Roi ne lit point & probablement ne lira jamais. On ne cesse de lui répéter que les faiseurs de livres n'entendent rien à l'administration, & que si on suivoit leurs systêmes on boulverseroit l'état ; il finit par le croire, & de bonne foi, à sa place, vous en feriez tout autant. Cependant il y a lieu de penser que les Ministres eux-mêmes ne peuvent gueres s'instruire que par les livres qui osent quelquefois entrer en concurrence avec les mémoires de leurs premiers Commis. Tout en causant ainsi ils approchoient de la Ville où résidoit leur compagnon de voyage. Quoiqu'il ne fût qu'un pauvre Lettré de Province, il n'en offrit pas moins son asyle au Monarque, qui l'accepta avec d'autant plus de plaisir, qu'il espéroit tirer quelque profit de la conversation de son nouvel hôte.

CHAPITRE X.

Le Roi chez le Philosophe, qui est ravi de voir qu'on l'écoute & qu'on l'entend.

A peine arrivé dans la Ville & dans la maison du Philosophe (car c'en étoit un) après les cérémonies d'usage & visites de Commis, dont nos Voyageurs avoient déja pris l'habitude, le Roi reprit la conversation. Bientôt il s'apperçut par les sorties fréquentes du Philosophe contre les loix qui gênoient la liberté d'écrire, que le bon Provincial faisoit des livres. Franchement, lui dit le Prince, il me ſemble, Monſieur, que vous êtes auteur. Oui, Monſieur, répond modeſtement le ſçavant, j'ai même l'honneur d'être un des membres de notre Académie ; parce que dans une petite Ville il faut bien être quelque choſe pour faire ſa partie chez M. le Subdélégué ou chez M. le Directeur des Aides, & pour avoir quelque conſidération auprès des Dames qui ont infiniment de bontés pour les Académiciens. Je vous avouerai pourtant que je ne m'occupe plus de littérature ni de chimie... Mais quelle eſt donc votre partie ? — L'adminiſtration. Ma folie a toujours été de croire qu'il étoit poſſible de rendre les hommes moins méchants & moins malheureux qu'ils ne le ſont. Après avoir bien étudié tous les Philoſophes anciens & modernes, & leurs ſublimes traités de morale, je me ſuis aſſuré qu'il ne ſuffiſoit pas pour arriver au but que je me propoſois d'atteindre, de ſermoner, puiſque malgré tous les Philoſophes & leurs traités, ils en étoient à peu près demeurés au même point de miſere & de perverſité. J'ai eſſayé de fermer tous les livres & de prendre la nature pour ſeul guide : jamais elle ne trompe ceux qui s'adreſſent à elle de bonne foi. Je m'en ſuis donc tenu tout ſimplement à la méthode de ne consulter qu'elle, de ne pas chercher à montrer plus d'esprit que mon guide, de n'avoir enfin de marche que la sienne. J'ai été étonné du chemin que j'ai fait en peu de temps, & de la bonté avec laquelle la Providence avoit daigner placer si près de nous le vrai & l'utile : j'ai continué & fait vœu d'employer ma vie à indiquer aux simples & aux hommes de bonne volonté la route qui m'avoit si bien conduit... Pourriez-vous nous dire un mot des vérités que vous avez rencontrées, lui dit le Roi en l'interrompant ? — Ah ! Monsieur, le premier résultat de mon nouveau genre d'étude fut la découverte d'une vérité bien simple, & que j'avois été chercher bien loin. La voici : l'intérêt est notre premier ressort, la plupart de nos vertus & de nos vices tiennent à lui seul, selon qu'il est bien ou mal éclairé. Tous ces désordres, que présentent aux regards d'un observateur les sociétés humaines, n'ont pour principe que le faux calcul des intérêts mal connus. Rendez à chacun selon la mesure de son droit, ou pour parler plus simplement, ne prenez la part de personne, & vous verrez renaître autant d'ordre que l'on peut espérer d'en voir sur la terre. Or, il n'y a que le Gouvernement à qui cela puisse s'adresser, puiſqu'il a affaire aux parts de tous, c'eſt donc lui, avant tout, qu'il s'agit d'éclairer.

Quelle ſeroit la proſpérité d'une Nation dont le Souverain daigneroit prêter une oreille attentive à la voix de la nature ? Il ſe reporteroit au commencement des ſociétés humaines, & là étudieroit, dans l'ordre immuable qui les a fondées, ſes droits & ſes devoirs, les droits & les devoirs de ceux que la Providence a confiés à ſes ſoins. Il y verroit la vraie meſure de ſa puiſſance ; il apprendroit à regarder les mots ſacrés d'ordre & de juſtice, non comme de vains ſons d'une moralité preſqu'auſſitôt étouffée que conçue, mais comme les ſeuls liens auxquels tiennent la durée & la force des Empires. C'eſt alors que, ſe reconnoiſſant premier ſujet de la Loi poſée par l'Auteur de tout, il s'écrieroit, dans le ſentiment de ſa vraie grandeur, je n'ai plus rien à ordonner, il ne me reſte qu'à obéir le premier & à faire exécuter ce qui a été ordonné avant moi.

Hélas, ce qui a égaré les chefs des Nations a été, dans tous les temps, cette folle préſomption de ſe croire Légiſlateurs du monde, tandis qu'ils n'étoient & ne peuvent être que les organes de la Loi ! L'Éternel n'a rien livré au haſard ni au caprices de nos vains ſyſtêmes, tout ſe lie & s'enchaîne dans un cercle de droits & de devoirs, que l'orgueil de l'homme ne ſçauroit franchir ſans ſe condamner lui-même au malheur & à la deſtruction. S'aſſurer qu'il exiſte une Loi antérieure à lui eſt le premier devoir d'un Prince; étudier ce que cette Loi exige de lui, & obéir, voilà ce que l'on doit appeller régner : hors de là tout n'eſt plus que déſordres, folies de tyrans, révoltes d'eſclaves, miſere & anéantiſſement.

Meſſieurs, dit le ſage un peu fatigué de ſa tirade, comme il me ſemble que le ſujet que nous traitons ne vous ennuie pas, je crois que je ferai mieux de vous lire le petit précis d'un grand ouvrage auquel j'acheve de mettre la derniere main... Vous ne ſçauriez nous faire plus de plaiſir, lui dit le Monarque, déjà charmé de ce qu'il venoit d'entendre; & le Lettré commença ainſi ſa lecture avec cette ſecrette ſatisfaction que reſſent même tout Philoſophe qui voit qu'on l'écoute.

CHAPITRE XI.

Précis d'un grand Ouvrage.

LE besoin est l'organe de la Loi qui a ap-ellé les hommes à l'état de société & qui les maintient : c'est donc le besoin qui, long-mps avant les raisonneurs & leurs gros livres, enjoint aux hommes de réunir leurs efforts leurs travaux. Dès le moment où deux hom-es se sont ainsi trouvés réunis par le besoin ciproque des secours, la Souveraineté vint placer entre eux pour lier & maintenir leurs pports. Qu'on ne vienne donc plus demander 'est-ce qui a fait les Rois ? Car la Souve-neté n'est pas plus l'œuvre des conventions maines, que la société elle-même qui suppose premiere. Elles commencent ensemble, elles même origine, le besoin. La premiere iséquence de ces vérités si simples & de miere évidence, est que la Souveraineté n'a ne peut avoir d'autres fonctions, sur la e, que de protéger, lier & assurer tous rapports par lesquels la société s'est fondée peut s'étendre.

Tout homme naît libre, c'eſt-à-dire, ſeul & unique maître de ſa perſonne & de toutes les facultés de ſa perſonne, ſans léſion du tiers : c'eſt ce que j'appelle la propriété de la perſonne.

Par l'uſage de ſes facultés & l'application de ſon travail, il devient maître & ſeul maître de choſes qu'il a ainſi acquiſes : je nomme cett ſeconde propriété, propriété réelle.

Enfin, par l'uſage de ſes facultés, l'application de ſon travail & l'emploi des choſe qu'il a acquiſes, il couvre de fruits un cham ſtérile ; & c'eſt là ce que j'appelle la propriét mobiliaire fonciere. On voit clairement que ce trois eſpeces de propriétés ſont confondues dan un ſeul droit ; droit que nul homme ne peu attaquer dans ſon ſemblable ſans une injuſtic manifeſte, auſſi révoltante que celle à laquell il attenteroit à ſa vie, puiſqu'elles ne ſon toutes les trois qu'une ſuite néceſſaire de ſo droit à la vie.

C'eſt par la troiſieme eſpece de propriét que la ſociété eſt vraiment fondée, & d'un maniere durable, toujours renaiſſante ſelon l vœu de la nature, ſi l'injuſtice, deſtructive d tout droit & de toute proſpérité, ne vie changer les hommes en eſclaves & la terr en déſerts.

Quelque multipliés que paroiſſent, au premier aſpect, les rapports des hommes, tels ſont les principes ſur leſquels ils ſont établis, principes qui peuvent ſervir de baſe pour juger toute queſtion d'adminiſtration, même la plus compliquée en apparence, & dire à un Souverain, là ſe borne votre Puiſſance ou la Juſtice; ici commence le regne de la deſtruction, de l'abſurde & de l'injuſte.

J'ai dit que la ſociété ne pouvoit être regardée comme ſolidement établie, que par la troiſieme eſpece de propriété, ou la propriété onciere, & cela n'eſt pas moins évident que ce qui précéde. La vie de l'homme n'eſt aſſurée que par la vie agricole qui, par des épargnes changées en avances & confiées à la terre, lui aſſure ſa ſubſiſtance. C'eſt en vertu de ce traité fait entre la terre & l'homme cultivateur, que la ſociété va s'étendre par les rapports & le concours des travaux. La terre, si l'homme eſt fidele à ſes engagements d'épargne & de travail, lui rend ſes avances au delà de leur miſe, & double même un excédent au delà de ce qui eſt néceſſaire à ſa ſubſiſtance, excédent avec lequel il peut payer un compagnon dont le travail, joint au ſien, double la récolte, & avec elle encore les moyens d'étendre la culture & les jouiſſances. Il arrive alors par l'augmentation de cet excédent, que le Propriétaire du champ peut s'aſſocier un plus grand concours de travaux, étendre ainſi ſon revenu, au point de pouvoir déſormais jouir ſans être aſſujetti à aucun travail : car il fait bientôt un traité avec le premier qui, ſur ſon ſalaire, a épargné les moyens d'acquérir des avances en grains, en inſtruments de culture, en beſtiaux ; il céde à ce nouveau cultivateur l'uſufruit de ſon champ en pleine valeur, ſous la réſerve d'une ſomme franche & quitte, que le cultivateur s'engage à lui payer au retour de chaque récolte : nous voici arrivés à l'état des perfections ſociales. Tout cela cependant n'a pu ſe faire ſans l'intervention de la Souveraineté, qui, comme nous l'avons déjà dit, eſt préſente dans l'inſtant même où deux hommes ſe trouvent réunis.

Mais examinons ce que cette même Souveraineté doit faire pour protéger ces rapports & ce concours de travaux, d'où la ſociété a tiré tous ſes moyens de ſe fonder & de s'étendre.

Je vois le cultivateur, au moment de la récolte, mettre de côté tout ce que la terre demande pour la reproduction de l'année ſuivante, reprendre tout ſes frais, donner à chacun ſon ſalaire ſelon la miſe de ſon travail. Tous ceux qui ont concouru à la culture, de près ou de loin, arrivent & viennent demander leur part : à leur tête eſt le Souverain qui a fait les avances de sûreté, ſans laquelle il n'y auroit pas eu de reproduction, parce qu'il n'y auroit pas eu d'eſpoir de récolte. On voit clairement que ſa miſſion a été de protéger & de défendre, contre les ennemis du dehors, de maintenir l'ordre des rapports dans l'intérieur, d'arrêter la cupidité qui voudroit envahir la part d'autrui, d'en impoſer à la turbulence qui enfanteroit des déſordres dans les travaux ; enfin de donner l'exemple de la juſtice, en ne prenant que ce qui lui eſt dû. Le revenu du Souverain n'étant & ne pouvant être fondé que ſur le revenu du champ, ſon revenu augmentera en raiſon de l'accroiſſement du revenu du champ qui rendra les parts de tous meilleures ; ſon inrérêt eſt donc indiviſiblement lié à la proſpérité du champ. Mais d'où dépend-elle cette proſpérité ? Nous l'avons aſſez fait entendre. Du concours & de la réunion des travaux, de la conſommation qui ſollicite la reproduction ; conſéquemment de la pleine & entiere liberté de tous les rapports, de la facilité & sûreté des chemins, de l'épargne ſur les frais de tranſport, de l'aſſurance parfaite que doit avoir le cultivateur, de n'être troublé par qui que ce ſoit dans ſes travaux & dans le choix de ſes moyens ; en un mot, de n'avoir affaire qu'au ciel & à ſa terre. A ces conditions, & dans ce cercle toujours renaiſſant de travaux & de jouiſſances, de droits & de devoirs ſatisfaits, la terre fidele à ſes engagements avec l'homme qui reſpecte ſes loix, ſe couvre d'abondantes moiſſons, bientôt la famille croît, ſe multiplie & devient une nation puiſſante ſur ce même ſol où quelques hordes errantes venoient ſe diſputer les reſtes des oiſeaux & des fauves des déſerts.

Juſqu'ici rien d'arbitraire : tout eſt ſoumis à la loi d'un ordre ſelon lequel l'eſprit de juſtice & l'eſprit d'intérêt ne ſont qu'un ſeul & même eſprit. Mais voyons, en ſuivant toujours l'emblême de ce champ, ce qui arrivera ſi la Souveraineté vient à oublier les principes ſi ſimples de ſes droits & de ſes devoirs, & à ſe livrer à tous les preſtiges de la cupidité & de l'orgueil ; ſi elle prétend ſubſtituer ſes caprices aux loix de la nature, & violer l'éternelle juſtice par l'abus de la force même qui lui a été confiée pour aſſurer ſon empire.

Je ſuppoſe donc que le Souverain, au lieu

d'aller recevoir sa part à la source des distributions, telle qu'elle lui est assignée par la nature & dans la proportion, & selon la forme qu'elle a prescrite, veut ou la former, ou l'augmenter de rétributions prises sur les parts d'autrui : il dit à celui qui a construit les granges, donne moi tant sur ta portion, ce qui équivaut à dire, donne moi tant sur le prix de ton travail dont cette part est le salaire, & ainsi à tous ceux qui ont concouru à la reproduction par leurs travaux : il est évident, avant tout, qu'il commet une injustice en attaquant les parts d'autrui sur lesquelles on voit, d'après ce que nous avons dit, qu'il n'a & ne peut avoir aucune sorte de droit ; mais suivons & examinons attentivement ce que produira cette demande. Le premier effet de l'injustice, qui est toujours le dommage pour tout le monde, retombe sur le cultivateur vers lequel se retourne l'homme à qui on a pris une partie de son salaire, sans laquelle il ne peut continuer de travailler & de vivre. Si le Souverain continue & veut encore prendre sa part sur le salaire de ceux qui voiturent & vendent les productions, & sur les productions elles-mêmes, à chaque fois qu'elles sortent de la ferme ou qu'elles y rentrent, il eſt bientôt contraint, pour contenir la ruſe ou la violence que l'injuſtice appelle, de placer à toutes les iſſues du champ des agents qui arrêtent au paſſage, fouillent & vexent tout le monde, interceptent & détruiſent tous les rapports en briſant le plus ſacré des liens, celui du même intérêt & de la confiance qui doit unir le Prince & les ſujets. Nous touchons dès lors, en peu de temps, au dernier terme du déſordre que la ruine entiere de la ſociété ne tardera pas à ſuivre; de tutélaire & de protectrice qu'elle avoit été créée par l'auteur de la nature, la Souveraineté devient l'ennemie de la ſociété, bientôt elle méconnoît tous ſes devoirs en attaquant tous les droits de la propriété. La preſſion de l'injuſtice anéantit l'énergie des travaux, la circulation des échanges s'arrête, la conſommation diminue, la reproduction ceſſe en même temps que les frais de toutes les eſpeces augmentent. Le cultivateur ne verſe plus que des larmes ſur le champ épuiſé qui ſe convertit en landes, & bientôt enfin, la Souveraineté, elle-même frappée de l'anathême de la deſtruction & de la miſere expire & s'éteint ſur le ſable d'un déſert avec la nation que ſon ignorance & ſa cupidité ont immolée. Tel eſt le tableau effrayant que nous offrent

offrent les ſuites de l'infraction de l'ordre que l'Eternel a établi par l'unique Loi des Peuples & des Rois. Je vous laiſſe maintenant à penſer, Meſſieurs, quelle opinion l'on doit avoir de tous ces ſyſtêmes enfantés par les préjugés & la cupidité, dont le but paroît toujours être d'enrichir le Prince aux dépens de la Nation, comme ſi l'intérêt du Prince pouvoit jamais être ſéparé de celui de ſes Peuples. Voyez, dans preſque tous les Etats modernes, cette importance myſtérieuſe des Adminiſtrateurs, ce ſoin continuel qu'ils ont de s'envelopper de ténebres, eux & leurs opérations; cette marche ſourde, incertaine, qui ſeme la méfiance à chaque pas, méfiance trop ſouvent juſtifiée par ſes effets déſaſtreux.

Une Adminiſtration ſage & éclairée ſçait, au contraire, qu'elle n'a rien de mieux à faire que d'inſpirer la confiance & de réunir, de confondre, dans un ſeul intérêt, les intérêts ſi long-temps diviſés du Monarque & des ſujets. Tout le monde ſçait bien qu'il faut un revenu, & un revenu puiſſant à la Souveraineté d'un grand Empire, pour maintenir l'ordre dans l'intérieur, & défendre la ſociété des ennemis du dehors, & perſonne ne ſe croira jamais autoriſé à refuſer de payer ce qui eſt dû ; mais quand la maniere de prendre sa part est sans mesure connue, injuste par cela seul, ruineuse & vexatoire, on se plaint, on murmure, le fisc entre en guerre avec la Nation, & de toutes parts on ne voit plus que troubles & désordres. Vous serez tout étonné, dirois-je à un Prince ami de la vérité, de l'ordre & de la justice, de la facilité que vous trouverez à régner, du moment où votre Administration voudra bien ne se mêler que de ses affaires, & ne suivre d'autre marche que celle de la nature. Daignez bien vous convaincre de cette premiere vérité, que votre revenu, de quelque maniere & sous quelque forme que vous le perceviez, n'est & ne peut être jamais qu'une partie du revenu total de votre territoire. Si la forme de perception ou l'imposition attaque dans sa source la reproduction du revenu total, elle diminue nécessairement votre part, & il n'est point d'opération de finance qui puisse vous sauver, vous & votre Peuple, de la ruine qui vous menace.

C'est du désordre & des faux principes de l'Administration intérieure qu'est sortie cette fausse science que l'on appelle politique : la Souveraineté aveuglée par la passion de tout envahir, une fois hors des voies de la nature, après s'être bien cantonnée dans son intérieur, après avoir séparé son intérêt de celui de la Nation, & avoir couvert son territoire de trapes & de barrieres, la Souveraineté, dis-je, a dû nécessairement suivre les mêmes principes au dehors : elle a encore entouré son territoire de barrieres. Le Peuple voisin en a fait autant ; & voilà deux Nations dans une situation respective de méfiance qui nécessairement conduit à l'état de guerre : chacun de son côté saisit & pille au passage ce qui entre & ce qui sort. L'un défend l'entrée de telle production, l'autre en défend la sortie ; les deux Peuples se ruinent à l'envi par un nouveau genre de guerre mille fois plus désastreux que celui des armes, guerre de fisc & de cupidité aveugle qui détruit toutes les communications, qui anéantit le commerce le plus avantageux, le commerce le plus voisin. Le mal ne tarde pas à se faire connoître par ses effets ; mais on est loin d'en connoître la source. On fait des traités, pour le dehors, aussi mystérieux que les opérations de l'intérieur, chacun cherche à y tromper son voision, sans songer que le dommage tombe d'aplomb sur lui-même par un contre-coup inévitable, & voilà ce qu'on appelle secrets d'Etat. Ces traités dictés par la mauvaise foi & reçus par la méfiance, sont bientôt détruits; succédent alors les guerres qui achevent de mettre le comble aux maux qu'a déjà enfantés cette prétendue paix qui n'étoit elle-même qu'un état de guerre continuel, puisqu'il n'est, au fait, de véritable guerre, que celle des intérêts qui se combattent.

Ici enfin le sçavant s'arrêta: le Roi qui avoit écouté avec la plus grande attention, frappé de la vérité & de la sagesse de ces principes, le pria de la maniere la plus pressante de lui faire présent de ce précis de son grand livre, en l'assurant qu'à son retour en Perse, il ne manqueroit pas de le communiquer à un premier Commis de ses amis, & que peut-être il arriveroit jusqu'au Prince. Dieu le veuille, reprit modestement le sçavant! En quelque endroit du monde qu'il lui plaise de faire germer ces grandes vérités, je mourrai content, en bénissant le nom du Souverain qui rappellera le vrai régne de l'ordre, & j'emporterai cette douce espérance, qu'un jour peut-être mon pays profitera au moins de cet exemple. Après avoir rendu mille graces au Philosophe qu'il se promit bien de revoir un jour, le Prince reprit, avec son confident, la route qui les conduisit à une grande Ville de trafic, & l'un des plus beaux ports du monde.

CHAPITRE XII.

Arrivée du Prince dans une grande Ville de Commerce Maritime. Il prend, du Commerce, une opinion toute contraire à celle qu'il en avoit.

VOici enfin de l'opulence, s'écria le Roi Melès, en contemplant le Port de cette Cité rempli de Vaiſſeaux. Ce ſpectacle rejouit ma vue fatiguée de l'aſpect des triſtes déſerts que nous venons de parcourir. Oui, répart Iſmin, une telle Ville à deux cents lieues de la capitale donne une haute idée de la Puiſſance du Souverain & des richeſſes de la Nation... Des richeſſes de la Nation, reprend, en ſécouant la tête, un homme qui les écoutoit, dites des richeſſes des Négociants, & alors l'expreſſion ſera juſte... Comment, réprend le Prince, vous ne voulez pas, Monſieur, qu'une Ville auſſi commerçante ſoit une ſource de richeſſes pour la Nation? Hélas, Monſieur, je le désirerois de tout mon cœur, continua le raisonneur, mais malheureusement il en est autrement... Nous ne nous entendons pas assurément, Monsieur, dit Ismin, un peu choqué de cette contrariété d'opinion. Je le crois, il n'est pas étonnant que vous soyez séduits par un tel spectacle ; beaucoup de gens qui devroient en sçavoir sur cela plus que vous, à commencer peut-être par le Souverain & ses Ministres, jugeroient cependant de même. Mais que voulez-vous dire, Monsieur ? — Je veux dire que si, comme Souverain, je voyois une telle Ville à l'extrêmité d'un Royaume, dont les deux tiers sont en friche ou en mauvais état de culture, je me garderois bien de confondre les richesses des Négociants ou trafiquants avec les richesses de la Nation, & que j'aurois bientôt une toute autre idée du trafic, que je me garderois bien de confondre avec le vrai & utile commerce. En deux mots, Messieurs, vous pourrez m'entendre : tout le commerce de cette Ville, & de celles qui lui ressemblent, n'est réellement qu'un trafic ou un commerce de revendeurs, dont le profit ou la rétribution fondée sur des privileges exclusifs enchérit nécessairement pour ceux qui les paient le prix des marchandises, en le diminuant d'unautre côté pour ceux qui les vendent en premiere main & qui sont les vrais commerçants. Il est donc clair que cette rétribution se paie toujours directement ou indirectement aux dépens des biens fonds des deux côtés, d'où il suit que ce commerce de revente si chargé de frais, loin d'être avantageux pour les Nations qui possedent les biens fonds, n'est pour elles, au contraire, qu'un objet de dépense qui les mine sourdement sous la dangereuse apparence de l'opulence & de la prospérité. Le commerce le plus avantageux pour une Nation agricole est le commerce le moins chargé de frais, le plus ouvert à la concurrence & le plus voisin de la reproduction; conséquemment le commerce le plus éloigné, le plus chargé de frais & de privileges, sera à tous égards le plus défavorable pour cette même Nation qui sera réellement appauvrie en raison de la fortune des Négociants, puisque cette fortune n'est qu'un résultat de frais pour ceux qui leur paient leurs rétributions. Je dirai donc, en secouant la tête, & avec raison, les richesses de ces Négociants ne sont point du tout les richesses de la Nation. Ces principes, répond le Roi, sont si étrangers aux principes reçus, qu'ils me paroissent avoir besoin d'explications: Je vous prierai donc... Ah ! très-volontiers, Monsieur, tout ce que nous dirons n'empêchera pas que les choses n'aillent toujours leur même train, à la grande satisfaction des Administrateurs & de la Nation elle-même qui se croit réellement très-riche de l'argent qu'elle donne ; mais il y a toujours quelque plaisir à s'entretenir du bien & à le voir possible. Un petit exemple va justifier mes principes, & vous faire sentir quelle différence il y a, pour une Nation, entre le commerce éloigné & le commerce le plus prochain.

Je suppose que les vins, qui sont un objet très-considérable de commerce pour cette partie du Royaume, se vendent bien chez nous au lieu d'être portés chez l'étranger. Il est évident que si nos Provinces qui n'ont point de vin ont les moyens de payer celui des Provinces qui le produisent, ce genre de commerce est immédiatement le plus avantageux pour celui qui paie & pour celui qui vend : pour celui qui paie ou achete, parce qu'il a moins de frais à rembourser ; pour celui qui vend, parce qu'il vend à un bon & sûr prix qui ne diminue pas sous des prétextes de suppositions de pertes, de hasards, & parce que l'argent revient plus promptement à la vigne. Cela prouve en core que la Province qui n'a point de vin, a iré de ſa culture les moyens d'en acheter, & cela n'eſt pas indifférent à obſerver. Pour peu que vous ayez voyagé dans l'intérieur de l'Empire, vous devez avoir remarqué que les deux tiers des habitants boivent de l'eau, parce qu'ils ne peuvent acheter du vin, & cela n'eſt pas un état de proſpérité. L'état vrai de proſpérité ſeroit qu'ils puſſent échanger entr'eux les denrées de leurs territoires bien cultivés. Mon objet n'eſt pas, dans ce moment, de vous expliquer tout ce qui s'oppoſe à un ordre de rapports que nous ne verrons peut-être jamais. Mon but eſt de vous démontrer que le commerce le plus utile eſt toujours le plus voiſin de la terre qui produit. Mais, dit le Prince, permettez-moi de revenir ſur l'article des frais que nous paſſons un peu légérement. Il me ſemble que ces frais ſont pour l'étranger qui achete. D'accord, Monſieur, mais vous conviendrez auſſi que ces mêmes frais, quoique payés par l'étranger, n'enrichiſſent pas la Nation, mais le Négociant qui revend, lequel Négociant, quoiqu'il ſe diſe *national*, n'eſt pourtant pas la Nation, comme nous le verrons. Voici encore ce qui arrive : l'étranger cherche à ſon tour à reprendre ſa revanche ſur ce qu'il vend ; les frais augmentant ainsi d[illegible] part & d'autre en raison des distances, de[illegible] difficultés & des exclusions, les agents se mul[illegible]tiplient d'autant entre les vrais vendeurs & acheteurs qui sont les possesseurs des terres, & il y a dépense en pure perte pour les fond[illegible] productifs des deux côtés. Le commerce inté[illegible]rieur est donc le plus avantageux, & celu[illegible] qu'on doit protéger avant de songer au com[illegible]merce éloigné ; jusqu'à présent on a fait tou[illegible] le contraire, on a interverti l'ordre de la nature & des désastres de tous les genres l'ont déj[illegible] pleinement vengée de nos attentats. Oui, Mes[illegible]sieurs, & l'on ne sçauroit assez le répéter le commerce éloigné n'est qu'un commerc[illegible] d'excédent qui doit arriver à la suite du com[illegible]merce intérieur ; il en doit suivre exactemen[illegible] la marche, c'est-à-dire, qu'il doit tendre con[illegible]tamment à la diminution des frais, & cela [illegible] fera de soi-même, si l'Administration veu[illegible] bien consentir à ne plus rien défendre ni or[illegible]donner. Elle n'a autre chose à faire que de [illegible] laisser jouir de la plus parfaite liberté, & d[illegible] repousser tous les demandeurs de privileges car il n'y a que la concurrence qui puisse di[illegible]minuer les frais. Mais si, toujours trompé pa[illegible] ce faux éclat des richesses des Négocians qu'[illegible] roit être celles de ſon Peuple, un Souverain eut non-ſeulement que le Négociant national ouiſſe dans ſes ports d'avantages & d'immunités ont ne jouira pas le Négociant étranger, mais u'il défende même dans un certain temps à out autre Négociant de l'intérieur d'acheter des ins, comme cela ſe pratique dans cette Province, voici ce qui arrivera & ce qui arrive.

Ce trafiquant *national* dont le métier, malré ſon titre, n'eſt point de faire des traités ur le patriotiſme, mais bien le plus grand rofit ſur ſes marchandiſes, étant ſeul à venre, ſera ſeul maître du prix & vous rançonera : premier déſordre. Vous croyez bien ue l'étranger, vexé dans vos Ports & ſur vos rontieres, ne manquera pas de ſuivre le mêne régime, & que vous trouverez chez lui e même traitement que vous lui faites éprouver hez vous : autre déſordre.

Voici donc les Négociants des deux Nations ui doivent véritablement être conſidérés comne deux républiques, dont les intérêts ſont videmment oppoſés à ceux de leur propre ays, car leur intérêt eſt d'augmenter leurs némoires de frais, qu'il eſt de l'intérêt des Nations de diminuer. Il faudra payer ſans nurmurer & s'applaudir de ſon bonheur, ſi

l'on échappe à la foule de tant d'autres mau
qui bientôt ne doivent pas manquer d'éclore
Bientôt de folies en folies, & d'erreurs en er
reurs, on arrivera au projet d'abandonner de
champs fertiles pour aller cultiver des déſerts
la Nation entiere, égarée par le délire de l
plus aveugle cupidité, ne ſongera plus bientô
qu'aux avantages du commerce éloigné, 8
tout deviendra trafiquant. Bientôt alors la Mé
tropole s'épuiſe en avances pour protéger de
Compagnies excluſives, & tel Peuple, d'a
gricole & de ſouverain qu'il étoit par la nature
devient mercenaire & eſclave de ſes propre
agents. Chacun ſe reſſerre excluſivement & ſ
ruine en frais, en courant après des profit
imaginaires; ſurviennent néceſſairement le
guerres ſuſcitées par ces Négociants avides qu
demandent protection, les mers bientôt ſe tei
gnent de ſang & ſe couvrent des débris de
richeſſes nationales anéanties.

Telles ſont les triſtes ſuites de ce commerc
éloigné & du préjugé funeſte qui le fait re
garder comme baſe de l'opulence & de l
proſpérité des Empires.

Admirez à préſent, Meſſieurs, ſi cela vou
plaît, cette Ville ſuperbe dont les tours ſe
confondent avec les pavillons des vaiſſeaux qu

emplissent son Port ; je l'admirerois comme
ous, si les vastes Provinces qui sont derriere
oient bien cultivées & bien peuplées ; si ces
aisseaux ne venoient chercher que l'excédent
es productions bien payées sur leur territoire ;
enfin une liberté égale d'entrer & de sortir
ablissoit entre les nationaux & les étrangers
plus parfaite concurrence. Ce n'est qu'à ces
onditions que le commerce éloigné, ou le trafic,
eut me paroître avantageux, & jusqu'à ce
u'elles soient parfaitement remplies, vous me
ermettrez, Messieurs, non d'admirer, mais
e gémir sur l'aveuglement des Administrateurs
ui croient enrichir vraiment la Nation en aug-
entant les privileges exclusifs des Négocians
digenes de la Nation elle-même qui applaudit
ces belles opérations, & de tant d'écrivains
ui ne parlent que de traités de commerce,
e balance de commerce, sans songer qu'il
est d'autres traités, ni de balance à faire,
ue de le débarrasser de toutes ses entraves,
de lui ouvrir les Ports. C'est à cela que
oivent se réduire tous les soins de l'Adminis-
ation... L'homme dit &, en s'échappant,
isse le Monarque & son Compagnon con-
ndus de ce qu'ils venoient d'entendre.

CHAPITRE XIII.

Réflexions du Prince. Sa conversatio avec un Payſan, ſur les corvées.

SEigneur, dit Ismin, en regardant le M narque qui n'étoit pas encore revenu de ſa ſu priſe, il faut convenir que voilà des princip qui, quoique forts extraordinaires aſſurémen ont néanmoins un air de vérité qui ſédu Dieu pardonne à ce terrible raiſonneur le m qu'il m'a fait, répart le Prince. Je comme çois à peine à reſpirer & à me remettre peu, en contemplant ce Port, de la ſouffran que m'avoit cauſée juſqu'à ce moment le ſpe tacle de tant de miſere, j'aimois à me perſu der que ma Nation ne pouvoit être regard comme pauvre avec des Villes de cette op lence, quand ce maudit homme eſt venu d truire la plus douce des illuſions. A la vérit répond Ismin, ce Monſieur n'eſt pas conſolan mais il eſt fort en raiſons, & je ne crois p que votre Conſeil, aidé de tous les travailleu en finance & de toutes les Compagnies d'orie

& d'occident, du nord & du midi, puisse
ombattre avec succès un seul de ses principes
ur le commerce qui, comme je l'ai parfaite-
nent compris, ne doit pas être confondu avec
trafic. Il me paroît évident que les guerres
ui ont pensé ruiner vos Prédécesseurs, &
urs ennemis, n'ont pas eu d'autre cause que
erreur des Administrateurs sur la vraie nature
u commerce. Dans le cas même où nos pro-
res Négociants vendroient à la Nation des
enrées étrangeres à meilleur marché que les
'euples voisins, ce qui assurément n'est pas,
n'en est pas moins évident que ce profit n'est
u'imaginaire, si l'on veut bien tenir compte
e ce qu'il en a coûté en avances & en guer-
s causées par la cruelle manie de soutenir
xclusivement ces mêmes Négociants... Je vois,
joute le Monarque, qu'il seroit plus avanta-
eux de cultiver nos champs que d'aller établir
s colonies dans des déserts, & chercher à
ois mille lieues de chez soi des querelles iné-
itables. Le Prince alloit propablement dire de
ès-excellentes choses sur les Colonies, quand
quelque distance de l'opulente Cité qu'ils ve-
oient de quitter, il fut interrompu par les
aintes & les murmures d'une centaine de
aysans que l'on distribuoit en différents atte-

liers ſur le chemin... Et quelle eſt, mon ami, la cauſe de vos plaintes, dit-il avec bonté à l'un d'eux? — Ne le voyez vous pas, Monſieur, répond le Payſan? On nous contraint de travailler ici gratuitement, comme ſi nous avions du temps & des forces de reſte. Il y a tant de beaux Meſſieurs dans les Villes qui n'ont rien à faire, que ne les oblige-t-on de venir paſſer quelques heures de leur temps ſur les grands chemins? Le Prince vit bientôt qu'il s'agiſſoit-là d'une corvée. Mais, reprit-il, il me ſemble qu'on avoit voulu détruire les corvées, & qu'on a été forcé, par les inconvénients du ſecond arrangement, à revenir au premier. Oui, répond le pauvre manœuvre; mais il n'eſt qu'un arrangement ſans inconvénients, c'eſt que le Roi paie les gens qu'il emploie à conſtruire & réparer les chemins, car cela doit faire partie de ſes dépenſes. Quand on travaille malgré ſoi & ſans profit, on fait de mauvauſe beſogne : vous voyez cette partie du chemin à réparer, pour cela il ne faudroit pas la moitié des travailleurs que voilà, s'ils étoient libres & payés, ni la moitié du temps que nous allons y paſſer ſucceſſivement, & l'ouvrage ſeroit bien fait : au lieu que dans un mois peut-être il faudra recommencer avec de nouvelles

ouvelles dépenſes ; car on imagine mille
ıoyens pour ſe ſouſtraire, par ſa ruſe, à la
iolence ; & quand il s'agit de remuer les
ras, il n'y a que la bonne volonté de celui
qui ſont les bras qui puiſſe en tirer parti,
uelque moyen que prenne la force de celui
ui commande, à moins qu'il ne ſouleve le bras
e celui qui obéit. J'ai toujours vu que tout ſe
ıiſoit mal par la force ſeule. Mais, pardon,
Ionſieur, voici Monſieur notre Ingénieur qui
: doute bien que je cauſe ; il faut, au moins,
ue j'aie l'air de remuer quelques pierres, &
ela lui ſera à peu près égal, car pour lui ſes
ppointements ſont sûrs. Seigneur, dit Ismin
ı Prince, plus j'y rêve, & plus je vois que
ette partie d'Adminiſtration eſt encore bien
loignée de ſon véritable état de perfection,
uelque bien ordonné que ſoit le Corps de
Ieſſieurs les Ingénieurs ; ceci ſoit dit encore
n paſſant, puiſque nous les trouvons ſur notre
hemin. Mais, je le répete, il ne s'agit que
'avoir de quoi payer, & je penſe que ce
:ra toujours là un grand embarras pour Votre
Iajeſté, ſi ſon Conſeil n'eſſaie de quelqu'autre
ıaniere d'adminiſtrer.... Mais que vois-je,
jouta Ismin, Seigneur, n'appercevez-vous
ıas-là, tout près, un homme qui arrache les

ſeps de ſa vigne avec fureur : il ſemble [...] s'arrêter que pour eſſuyer les pleurs qui ruiſſe-lent de ſes yeux. (*e*)

CHAPITRE XIV.

L'homme qui arrache ſa vigne. Étonnante raiſon qu'il donne quand on lui demande pourquoi ; enfin, comment les affaires s'arrangeoient en Lydie.

CEt homme aſſurément eſt inſenſé, dit le Prince, approchons, interrogeons-le. Je crains bien, murmure tout bas Ismin, que nous n'apprenions là encore quelque triſte vérité. Mon ami, lui dit le Roi en l'abordant, êtes-vous fou ? Et pourquoi arracher des ſeps qui paroiſſent en pleine vigueur & dans l'expoſition la plus favorable ? Hélas non, je ne ſuis pas fou répond l'homme en continuant ſa triſte beſogne, quoiqu'il y ait, comme vous le remarquez bien, de la folie dans ce que vous me voyez faire ; mais la folie vient de plus haut que moi, & je ne ſuis que l'agent. Comment donc, mais de ſi beaux ſeps, répétoit toujours smin ? — Et c'eſt là ce qui fait que je les arrache, continue l'homme qui ne pouvoit retenir ses larmes. Je ſuis ruiné par l'abondance de cette vigne, & je ſerois moins mal, ſi j'avois fait plutôt ce que vous me voyez faire. Je crois que mes voiſins ne tarderont pas à ſuivre mon exemple. Comment, ruiné par l'abondance, reprend le Roi qui n'avoit encore rien vu ni entendu de ſemblable ? Certes, mon ami, vous extravaguez. — Oui, Monſieur, ruiné par l'abondance, cela ne s'entend que trop : quand l'abondance eſt ſans valeur, elle fait l'effet de la diſette, & pis encore, parce qu'elle a coûté les frais : voilà préciſément ce qui arrive. Ceci, dit Ismin au Monarque, me paroît la ſuite de la leçon que nous avons reçue du cabaretier ; je m'en doute, reprend le Roi, & je crains bien que ce ne ſoient mes travailleurs en finance qui arrachent les vignes... Nos récoltes de vin, reprit l'homme qui ne demandoit qu'à ſoulager ſa peine en ſe plaignant, ſont telles depuis trois ans, que le vin eſt tombé ici ſans valeur, & qu'on en donne la quantité de deux outres pleines pour avoir une outre en nature... Mais que ne portez-vous votre vin dans les Provinces du nord de l'Empire, où l'on ne boit que de l'eau ? — Ah je vois bien, reprit le payſan, que ces Meſſieurs ne ſont pas Lydiens, car s'ils étoient du pays, ils raiſonneroient autrement : ils ſçauroient que notre vin pour arriver juſqu'à ces Provinces, indépendamment des frais naturels de tranſport, eſt chargé de tant d'impoſitions, qu'il devient alors pour ces Provinces d'un prix qui les empêche d'en boire. Il y a quelque temps qu'un honnête Bourgeois de ce pays-ci conçut une ſpéculation de ce genre : heureuſement pour lui qu'il a fait ſon eſſai ſur une petite quantité car il auroit été infailliblement ruiné. Il ſe dit donc un jour, comme le prétendent ces Meſſieurs, voilà du vin qui, arrivé dans la capitale, vaudra tant : une ſomme conſidérable au delà du prix qu'il coûtoit dans le pays. En effet, le vin, arrivé à ſa deſtination, parut d'excellente qualité, & fut payé même au delà du prix qu'il pouvoit eſpérer. Mais quel fut l'étonnement de ce Monſieur, quand, en voulant faire ſon compte de dépenſe & de recette, il s'apperçut que les frais de tous les droits qu'il avoit été obligé d'acquitter en chemin, non-ſeulement égaloient ſa recette, mais la ſurpaſſoient encore de la moitié de la valeur qu'avoit le vin dans le pays même ? De ſorte que ſi ces droits euſſent été pris en nature ſur le vin même à chaque douane & bureau, il se seroit trouvé que les Commis auroient réellement bu tout le vin, au nom du Roi, longtemps avant qu'il fût arrivé, & se seroient fait payer quelque chose encore pour la peine qu'ils auroient prise. Quoique je n'aie gueres envie de rire, j'avoue que j'ai peine à m'en empêcher quand je songe à cette histoire-là... Mais ce que vous dites-là ne me paroît pas croyable, reprend le Prince : — Ma foi, Monsieur, je voudrois bien que ce fût un conte, je n'arracherois pas ma vigne, & je me rejouirois de l'abondance, car je porterois mon vin là où il recevroit une valeur au delà de mes frais. Je ne sçais ce qu'il arrivera de la maniere dont on conduit tout ceci, mais ce que je sçais, avec mon petit sens, c'est qu'il est bien fâcheux d'être obligé de maudire l'abondance sur de beaux côteaux comme ceux-là, où, dans les intervalles de nos travaux, on ne devroit entendre que des chants de joie & des actions de graces. Malheur à ceux qui forcent au murmure, contre le ciel, l'homme entouré des des fruits de la terre !.. Mais ce champ, par sa qualité & son exposition, dit Ismin, semble n'être destiné qu'à la culture de la vigne ? — C'est vrai ; mais que voulez-vous, Monsieur ?

Vous voyez qu'on le condamne à ne rien produire, ou à ne produire que des fruits qui ſeront de mauvaiſe qualité, puiſqu'ils viendront à la place de ceux que la nature y demande. Mais ils ſeront ce qu'ils pourront, & ce champ lui-même ſera en friche : je trouve moins ruineux de ne rien récolter, que de riſquer de me voir écraſé, & après un long travail, par des frais qui m'emporteroient, ſans eſpoir, le peu qui me reſte. Oui, mon champ ſera bientôt partie de ce déſert qui s'étend juſqu'à nous, depuis cette chaîne de montagnes que vous voyez là-bas. L'incendie gagne tous les jours : dans ma jeuneſſe, ces côtes-là étoient encore chargées des plus belles vignes : des bruyeres, de mauvais bois les couvrent, & le Roi, & Monſeigneur l'Intendant, laiſſent tout cela ſe détruire ; ma foi, il faut croire pourtant que l'impôt ſur le vin diminuera à proportion qu'on arrachera les vignes, & qu'avec le temps, il n'y aura plus rien pour le payer. Mais, mon Dieu, en voici bien d'une autre, s'écria le payſan en tournant ſes regards vers un champ ſitué à une petite diſtance de ſa vigne, & que trois ou quatre hommes bouleverſoient au milieu des gémiſſements d'une famille éplorée. Mon pauvre voiſin ! Je lui avois bien prédit le malheur qui lui arrive... Et qu'eſt-ce donc encore, demande le Roi, déjà trop diſpoſé à l'attendriſſement par ce qu'il venoit de voir & l'entendre ? — Ah, Meſſieurs, continue le payſan, cet homme, mon voiſin, eſt chargé d'une famille nombreuſe ; il s'eſt aviſé, après avoir renoncé, comme je fais, à la culture de la vigne, de cultiver dans ſon champ une plante d'un très-grand uſage & d'un prompt débit, & qui y proſpéroit à merveille : j'ai eu beau lui dire que cela étoit défendu, il n'en vouloit rien croire, & le voilà pris. Ces Meſſieurs ſont des Commis de la Ferme ou du Roi. Vous ne ſçavez peut-être pas, comme vous êtes des étrangers, que le Roi prend, céde à ferme ou met en régie, peu importe, le privilege excluſif de l'approviſionnement de cette plante qui eſt devenue d'un uſage preſque univerſel. On dit que ſous le prétexte de faire fleurir le commerce des Colonies, on en défend la culture ici, quoiqu'elle s'y plaiſe infiniment, & qu'elle y ſoit de la plus excellente qualité.

On dit encore que nos Colonies n'en fourniſſent point, & que le Roi donc & les Meſſieurs qu'il a chargés de cette belle opération, achetent cette plante d'un peuple voiſin, d'où il suit qu'on nous la vend dix fois à peu près plus cher qu'elle ne coûteroit si la culture en étoit permise. Cependant nous aurions, sans cette défense, des champs de plus en valeur, & nous ne serions pas, comme on le dit encore, contraints de payer au-delà de l'énorme imposition qui est sur cette denrée, les frais de premiere, seconde & troisieme vente, les frais d'avaries, de pertes. Joignez à cela, que si la denrée se trouve de mauvaise qualité, faute de pouvoir choisir, on est bien obligé de s'en contenter : on vous répond à vos plaintes que c'est une mauvaise veine, & voilà tout. Le Prince s'approcha des Commis qui lui parurent très-honnêtes, à cela près de leur maniere de dévaster les champs. Il apprit d'eux mêmes quelques petits détails d'Administration qui l'étonnerent infiniment, & se retira après avoir payé pour la malheureuse famille les frais d'amende & de destruction : les Commis partirent en se disant, voici encore une affaire d'arrangée. Ismin qui les entendit ne put s'empêcher de s'écrier, ah le malheureux pays où les affaires s'arrangent ainsi!

CHAPITRE XV.

Tristesse profonde du Roi. Rencontre d'un Soldat.

LE Monarque paroissoit occuppé des plus tristes réflexions ; Ismin marchoit à ses côtés en gardant un silence profond : ils avoient ainsi parcouru une étendue de plusieurs milles, quand le Prince, se tournant vers son Compagnon, lui dit, en soupirant, mon cher Ismin, je perds courage à la vue de tant de désordres ; il me semble à chaque pas que je fais, entendre la terre qui me reproche de la frapper de stérilité. Ces plaines immenses changées en déserts, ces côteaux dépouillés de fruits, ce cri universel de misere & d'oppression, tout m'accuse & remplit mon cœur du sentiment de la douleur la plus profonde. Dieu puissant, sous quels traits la Souveraineté pourra-t-elle donc être reconnue comme ton image, si elle desséche les champs où tu verses la rosée, & si elle en arrache les fruits que ta bienfaisance y fait naître ? Il n'est que trop vrai, Seigneur, reprend Ismin, que tous les maux qui ont frappé nos regards, ne peuvent gueres être imputés qu'à l'Administration, & que, pour me servir de l'expression d'un paysan que nous avons rencontré, il ne faut s'en prendre ni au ciel ni à la terre. Si jamais Prince put être justifié par l'excellence de son cœur, je le dis sans adulation, ce fut vous, Seigneur, & il n'est d'erreurs coupables que celles de la volonté. Achevons notre course, tâchons de bien rapprocher ces effets désastreux de leurs causes, & daigne Votre Majesté ne pas perdre l'espoir d'y remédier : Elle trouvera de grandes ressources dans l'industrie & la reconnoissance de ses Peuples, quand ils la verront s'occuper sérieusement de leur bonheur. Cette terre naturellement fertile ouvrira encore son sein aux avances & au travail, elle ne demande qu'à se reconcilier avec l'homme : je pense, comme disoit encore ce fermier qui nous a donné l'hospitalité dans les commencements de nos voyages, qu'en tout vous ferez bien de la consulter même avant votre Conseil. Je crois entrevoir que ce n'est pas tant de l'argent qu'il faut s'occuper que des moyens d'en faire naître, & que de tous ces moyens, le plus plein & le plus constamment sûr pour cet Empire, est celui du revenu territorial, quoi qu'il en ſoit des affaires de banques, d'emprunts, travail d'argent & autres beaux projets de votre Adminiſtration des finances. Je me trompe peut-être, mais juſqu'à ce qu'on me démontre le contraire, je ne vois pas que l'Etat eût rien à riſquer ſi ſon territoire étoit, dans toutes ſes parties, couvert autant que poſſible d'abondantes moiſſons ; il me ſemble qu'avec cela, & de la liberté, on auroit de l'argent, puiſque c'eſt l'argent qu'on a toujours en vue. Le Roi ſourit à cette réflexion d'Iſmin avec l'air de la ſérénité de l'eſpoir qui rentroit dans ſon cœur. Voici un ſoldat, dit Iſmin, il faut, pour diſtraire un peu Votre Majeſté, s'entretenir avec cet homme. Vous ne connoiſſez gueres vos ſoldats, Seigneur, que par ce que vous en avez entendu dire, on pourroit bien s'être trompé encore ſur cet article-là. Il ne faut négliger aucune occaſion de cauſer avec les gens eux-mêmes de ce qui les regarde. Je crois avoir remarqué que la vérité ſe trouve toujours près de celui à qui elle a affaire. Notre défaut, en général, n'eſt pas tant de la méconnoître que de chercher preſque toujours où elle n'eſt pas... Oui, les épreuves que nous avons faites juſqu'à préſent, reprend le Prince, me le font aſſez entendre. Les gens les plus ſimples que nous avons rencontrés, en ſçavoient aſſurément plus ſur leurs vrais intérêts que mes Miniſtres, quoiqu'ils ſe chargent trop ſouvent de preſcrire à chacun ce qu'il doit faire pour ſon propre avantage : c'eſt toujours là une des grandes ſollicitudes de mon Adminiſtration : mais joignons notre ſoldat. Je me charge, dit Iſmin, d'entrer en converſation.

CHAPITRE XVI.

Converſation du Roi avec le Soldat.

APrès quelques queſtions, auxquelles le ſoldat répondit avec beaucoup de douceur & d'intelligence, le Roi lui demanda depuis quel temps il ſervoit. — Depuis quatorze ans, Monſieur, & j'en ai encore deux à remplir pour finir mon ſecond engagement... Le ſervice vous plaît ? — Aſſez, le métier en lui-même n'a rien de bien fâcheux, je n'en connois même aucun autre qui convienne ſi bien à la premiere jeuneſſe. Naturellement on aime à voir autre choſe que ſon village, & quand on eſt ſous les armes, on ne peut ſe défendre du plaiſir de ſe croire quelque choſe de plus qu'un bourgeois... Vous paroissez, dit Ismin, étonné de la facilité avec laquelle le soldat s'exprimoit, avoir reçu une éducation supérieure à celle de la plus grande partie de vos camarades. — Il est vrai, Monsieur, que j'ai étudié, & assez bien : j'ai été, après mes études, Clerc de Procureur, & selon les vœux de mon pere qui est un bon fermier retiré dans un village ici près, j'allois enfin être Procureur, quand je me suis avisé de penser qu'il valoit mieux faire la guerre aux ennemis de sa patrie qu'à ses propres concitoyens. J'ai donc renoncé à la très-lucrative profession de Procureur pour embrasser l'infiniment plus honorable profession de soldat, & je ne m'en suis pas encore repenti un seul instant, quoique le métier n'ait pas tous les agréments possibles, & que l'illusion qui séduit la jeunesse au premier aspect ne dure pas long temps... Pourquoi cela ? Vous tourmente-t-on ? La discipline est-elle trop fatiguante ? — La discipline quelque exacte qu'elle soit ne fatigue jamais le soldat quand on la suppose juste ; sur cent hommes qui désertent il n'y en a pas deux qui donnent cette raison là de mécontentement. Non, non, Messieurs, ce n'est pas la discipline qui fait déserter, c'est le peu d'opinion qu'on attache à cette profeſſion, le traitement arbitraire, & tout ce qui ſuit de là. On a beau faire, on n'aura jamais de vrais ſoldats qu'en leur inſpirant de leur métier l'idée qu'ils doivent en avoir, & rien n'eſt ſi aiſé que cela quand on a affaire à des ſoldats Lydiens. Il y a, dans notre Nation, un fonds d'honneur qui ſuffiroit à tout ce que l'on eſt en droit d'attendre de nous, ſi l'on daignoit y faire quelque attention. Il faudroit qu'un Roi pût quelquefois entendre cauſer entr'eux de nos vrais ſoldats, il apprendroit là, ſans beaucoup de peine, comment on doit nous conduire... Je ſuis étranger, comme vous le voyez, dit le Prince, je voyage pour m'inſtruire, je deſirerois bien que vous euſſiez la complaiſance de continuer de nous entretenir un peu de votre état, & des moyens que vous croiriez propres à former de bons ſoldats. — Ma foi, Monſieur, je ne pourrois gueres vous dire que quelques réflexions que j'ai faites d'après ma propre expérience, & quelques autres de mes bons & honnêtes camarades. Je penſe que pour avoir de bons ſoldats, il faut les bien choiſir, les conſidérer, & les bien payer : avec ces trois petits principes, il me ſemble qu'il y auroit peu de coup de bâtons à donner, & que les chaînes des déſerteurs auroient beaucoup de places vacantes. Je dis d'abord les bien choisir, c'est là le point important. N'est-il pas honteux de voir nos Régiments composés, pour la plus grande partie, d'hommes presque rejettés des autres classes de la société, ramassés au hasard sur les places & les quais des grandes Villes, souvent même dans les plus mauvais lieux, presque toujours trompés dans l'ivresse, entretenus dans cet état ou enfermés pendant le temps que la Loi leur accorde pour ratifier leur enrôlement, & au sortir de là désolés de se voir surpris. Que peut-on espérer d'hommes ainsi liés contre leur volonté, corrompus souvent par tous les vices qu'entraîne l'oisiveté, énervés par la débauche ? Oui sans doute, c'est pour de tels sujets qu'il faut imaginer des chaînes, des punitions de toute espece, on ne peut les contenir par d'autres moyens que ceux de l'esclavage le plus rigoureux ; vous leur parleriez en vain la langue de l'honneur & du devoir, ils ne l'entendroient pas. La triste habitude que nos Chefs ont de cette vile espece d'hommes indignes en tout du beau nom de soldat, leur a inspiré le préjugé le plus funeste au bien du service. Ils regardent comme impossible d'avoir à commander jamais à des hommes dignes d'être conduits par d'autres principes, & le plus grand de tous les malheurs est que je les vois souvent imputer au métier lui-même les vices du soldat actuel : delà suit nécessairement qu'on regarde la réforme des Troupes comme impossible On devroit cependant observer qu'il est des Corps moins mal composés, & j'ai l'honneur de servir dans un de ceux-là. On y fait attention au choix des hommes, cela se sçait & nous n'en manquons jamais. En vérité on est bien dédommagé de la peine que cause ce soin, par l'agrément de voir tout aller plus sûrement & plus facilement, sans recourir à tant de moyens violents qui fatiguent toujours presqu'autant celui qui commande que celui qui obéit... Mais, répond le Roi, il faut de nombreuses armées, & je doute que pour les completter on pût trouver assez d'hommes de l'espece de ceux que vous proposez & qui vous ressembleroient, ajouta le Prince avec un sourire de bonté. Monsieur, reprit le soldat, après avoir témoigné sa reconnoissance du compliment, il vaudroit infiniment mieux que les armées fussent moins nombreuses & autrement composées ; l'attention sur le choix des hommes feroit renaître la considération due à cet état, les mauvais sujets seroient bientôt remplacés

par

par quantité d'honnêtes gens qui ſerviroient, & que l'ordre préſent éloigne de la profeſſion des armes.

Le préjugé du Peuple eſt qu'un homme ne s'engage que par étourderie, ou contraint par de mauvaiſes affaires, ſouvent pour éviter la peine qu'il auroit à craindre dans la ſociété ; on regarde cet état comme un état forcé, auquel on ne tient que par la crainte du châtiment. On entend tous les jours des peres mécontents de leurs enfants, les menacer de les faire enrôler. Quelle opinion voulez-vous, après cela, que le Peuple ait de la plus noble des profeſſions ? L'inconſidération ſemble la pourſuivre à chaque pas. On interdit l'entrée des Maiſons Royales, & de quantités de lieux publics, aux ſoldats, comme à des hommes flétris qui ne doivent plus jouir même des avantages connus aux autres citoyens. En arrivant en ſémeſtre, nous éprouvons le déſagrément, ſi nous appartenons à des gens d'un état honnête, de nous voir preſque méconnus, ſous l'habit uniforme, de nos anciens amis ; & ſouvent même de nos parents. Nous ſommes forcés de rougir de porter l'habit qui devroit nous honorer, & nous n'avons rien de plus preſſé que de le changer contre un habit bourgeois.

On trouve ſouvent, j'en conviens, la raiſon de cettte inconſidération dans la conduite des ſoldats ; mais il faut avouer que la conduite peu honnête de ces mêmes ſoldats a ſouvent auſſi pour cauſe cette inconſidération. Un homme qui ſe voit repouſſé, & preſque mépriſé, perd bientôt l'eſtime de lui-même. Ce n'eſt plus alors qu'avec le ſabre que nous pouvons inſpirer au bourgeois, non de l'eſtime aſſurément, mais une ſorte de reſpect de diſcrétion qui nous ſauve, au moins, du groſſier mépris. Mais, vous m'avouerez, Meſſieurs, que c'eſt un terrible métier à faire que d'avoir toujours le ſabre à la main pour s'attirer quelques égards.

Les jeunes gens bien élevés nous fuient ; leurs meres craignent que nous ne les mettions en pieces ; les peres craignent que nous ne les débauchions ; ce n'eſt donc que dans la claſſe du peuple le plus abject que nous pouvons recruter. Enfin on nous regarde comme des eſclaves, & avec d'autant plus de raiſon, qu'on en voit très-peu de nous véritablement attachés à leurs drapeaux ; la plus grande partie de ceux qui ſervent le plus long-temps eſt communément compoſée de gens qui ne pourroient faire autre choſe. Un ſoldat en ſémeſtre, ıprès avoir inutilement tenté tous les moyens l'escroquer à sa famille l'argent de son congé, ›aroît ne retourner au Corps qu'avec les sen- iments d'un homme que l'on conduiroit, de ouveau, à une chaîne de forçats : on s'ennuie; épidémie gagne & corrompt les moins mau- ais sujets qui finissent par déserter. Les Villes e guerre frontieres se changent alors en astes prisons qui paroissent moins établies là our être gardées par les soldats, que pour s garder. Oui, je dirai toujours qu'avec de ıonneur & de bons traitements, on obtien- ·oit beaucoup plus de nous, & à moins de ais : nous avons, à l'infini, des traits d'ex- ériences qui prouvent ce que j'avance.

Dans la derniere guerre, par exemple, ıelques chefs de notre armée proposerent, pour énager le sang de nos Compagnies d'élite, :xposer à une attaque que l'on projettoit, & e l'on croyoit devoir être très-meurtriere, :xposer, dis-je, à un danger presque cer- n, les plus vils sujets tirés des chaînes de ·ce & proscrits par les Loix. Qu'arriva-t-il? s soldats de ces Compagnies d'élite arrivent, larmes aux yeux, représenter à leurs Chefs e ce seroit flétrir leur service que de le re remplir par d'autres qu'eux, & des hom-

mes ſur-tout de l'eſpece propoſée ; que l
poſtes les plus dangereux étoient ceux de l'ho
neur, & non de l'infamie, & qu'ils ſouff
roient plutôt la mort que de reprendre jam
les armes, ſi l'on n'avoit égard à la réclamati
qu'ils faiſoient de leurs droits.

Dans cette même guerre la peine la pl
cruelle, dont on pouvoit menacer le ſolda
étoit celle de le condamner à ne pas être e
barqué dans le cas d'une deſcente chez l'e
nemi. Voilà pourtant dans cette claſſe d'hom
mes, ſi loin encore de ce qu'elle pourroit êtr
des traits dont nos Chefs eux-mêmes s'hon
reroient. L'honnête ſoldat ſe diſpoſoit, apr
une légere pauſe, à continuer ſa diſſertation
quand un grand bruit de voix confuſes, q
s'éleva à quelques pas de nos Voyageurs,
força de s'arrêter. (*f*)

CHAPITRE XVII.

On ne voyageoit pas en Lydie comm
on vouloit.

TRois hommes vigoureux maltraitoient u
malheureux conducteur de charriots qui n'opp

ſoit qu'une très-foible réſiſtance, & beaucoup de patience, aux coups dont on le chargeoit. L'ame du ſoldat s'indigna, comme on croit, d'un combat ſi inégal. Avant que le Prince & Iſmin euſſent le temps de le conſeiller, il avoit déja mis en fuite les trois attaquants, qui ſe retiroient fort en déſordre, & en le menaçant de le faire pendre. Meſſieurs, leur dit Iſmin très-poliment en s'approchant d'eux, il faut avouer que s'il y a quelqu'un à pendre ici, ce ne peut gueres être que vous. Ah, nous vous ferons voir, s'écrierent preſqu'en même temps les trois brigands, ce que c'eſt que d'empêcher les gens du Roi d'exercer leurs fonctions. Ah, Seigneur, dit bas Iſmin au Roi, & en ſouriant, ceci regarde Votre Majeſté. Je m'en doutois bien, repond le Monarque, & en élevant la voix, quelles ſont donc, Meſſieurs, les fonctions que le Roi vous a chargés d'exercer ſur les grands chemins, & d'une maniere auſſi violente? A-t-il jamais exiſté de Roi qui ait pu donner, à qui que ce fût, la commiſſion d'aſſommer ſes Sujets? Oui, dit un des Commis qui s'énonçoit, comme on va le voir, en phraſes très-longues, nous ſommes chargés, de par le Roi, pour le maintien du privilege excluſif des droits des voitures publiques, d'arrêter les charriots dans lesquels nous trouverons des voyageurs, de saisir les chevaux, & de les tenir en fourriere jusqu'à ce que l'amende soit acquittée... Monsieur, reprit alors un des voyageurs du charriot, & que l'on avoit remis à pied au milieu du chemin, vous me permettrez de vous faire remarquer, & sans me compromettre, je vous en supplie, dans votre procès-verbal, que Messieurs vos Chefs devroient bien alors établir des voitures qui ne coûtassent que deux sols par huit ou dix parasanges, car autrement c'est violer le droit naturel, que d'obliger des malheureux à prendre des voitures très-cheres, ou à se traîner à pied, au risque de mourir de fatigue sur les chemins, si.... Finissez, mon ami, avec votre droit naturel, dit un des Commis, car je pourrois bien... Taisez-vous aussi, mon cher, répart le Soldat au Commis, en reportant la main sur son terrible sabre... Le Conducteur du charriot avoit profité de la dissertation pour s'éloigner. Les Commis retournerent sur leurs pas, vers le village d'où ils étoient sortis, pour exercer leurs redoutables fonctions, en menaçant le Roi, Ismin, le soldat, & la terre entiere, de leur procès-verbal; menaces auxquelles le soldat répondit par un quolibet vigoureux. . . Il faut avouer, Meſſieurs, dit-il en ſe retournant vers les deux illuſtres Voyageurs, que ſous le nom du Roi, il ſe commet journellement d'étranges vexations. Avec quatre cents mille francs, plus ou moins, peu importe, une compagnie de fripons, achete le droit de faire aller à pied tous ceux qui n'ont ni la volonté, ni les moyens de ſe ſervir de leurs voitures. Aſſurément le Roi n'imagine pas toutes les ſuites d'un tel privilege, quand M. le Contrôleur-Général des Finances le lui apporte à ſigner. Je crois comme vous, répond le Prince, que le Roi eſt très-loin de s'en douter. Je donnerois tout à l'heure le peu que je poſſede, reprit le bon ſoldat, pour qu'il pût être inſtruit de ce qui vient d'arriver, & de tout ce qui arrive dans ce genre-là. Je ſçais qu'il eſt bon, & qu'il ſeroit indigné de voir qu'on abuſe de ſon nom pour empêcher des malheureux de profiter des petits ſecours qui ſont à leur portée, & qui, au fait, comme le diſoit tout à l'heure ce Monſieur qu'on a mis à pied, ſont de droit naturel, qui, ſi je me ſouviens de mes études, eſt un droit ſacré que le Roi lui-même n'a pas celui de violer. Je le crois bien établi, au contraire, pour le protéger. . . Mais, quoique je me trouve fort honoré de votre compagnie, Messieurs; voilà l'instant où il faut que je m'en sépare; j'apperçois l'avenue qui conduit à mon Village. Votre nom, lui dit le Prince; un hasard heureux peut faire naître pour moi l'occasion de vous retrouver. Le soldat donna son nom, & s'élança, d'un saut, dans le sentier chéri qui conduisoit au hameau.

CHAPITRE XVIII.

Observations d'Ismin sur la Noblesse. Rencontre de deux Nobles.

J'Espere bien, dit le Monarque, communiquer à mon Secrétaire d'Etat au Département de la Guerre, quelques-unes des observations de mon brave soldat; nous nous amuserons à revoir les Ordonnances, & je le prierai de s'occuper des moyens de donner aux Troupes un peu plus de considération & d'argent, si cela est possible. Il y a bien long-temps que je crois, reprend Ismin, qu'il en doit être du métier de soldat, comme de tous les métiers possibles, que l'on fait très-mal quand on les fait malgré soi. En tout, c'est un terrible préjugé que celui d'imaginer que les hommes doivent toujours être conduits par la violence. Que de peines de moins, si ceux qui les gouvernent vouloient bien compter leur intérêt pour quelque chose ? Dans le temps où Votre Majesté a déclaré, de sa pleine Puissance & autorité Royale, que les Nobles seuls pourroient être admis comme Officiers dans ses Armées, il auroit été, je crois, fort à propos de saisir cette occasion de donner un peu plus de considération au métier de soldat. Car, combien de jeunes gens aisés & bien élevés à qui, par le fait, toute entrée au Service est absolument fermée ? Je n'examinerai pas, avec Votre Majesté, si cette Ordonnance en faveur des Nobles étoit bien honnête pour le reste & la plus grande partie de la Nation qui, certes, a toujours tout aussi bien servi que sa Noblesse, y compris même celle des Échevinages des Villes & des Secrétaires du Roi, je me bornerai à représenter qu'on doit, ce me semble, quand on ferme un chemin en faveur de quelques privilégiés, se hâter d'en ouvrir un autre à côté pour le plus grand nombre. Que de braves & de grands hommes dans vos Armées qui n'étoient pas nés hauts & puissants Seigneurs, & qui cependant sont réellement devenus tels ? Mais, répond le Roi, à qui les Nobles qui seuls avoient le privilege de l'aborder, avoient toujours dit qu'ils étoient eux seuls l'appui de son Trône, la Noblesse qui est très-nombreuse n'a de carriere ouverte que celle des armes. Et pourquoi, Seigneur, veut-elle s'obstiner à ne faire jamais d'autre métier que celui de battre & d'être battue ? Je crois qu'elle arrivera bientôt au point d'exiger que l'on fasse une guerre tout exprès pour l'occuper, & lui donner de quoi vivre. Les Nobles ont versé leur sang pour la Patrie, & méritent des égards, j'en conviens ; mais le Peuple en a bien fait autant, il me semble que c'est lui qui compose la plus grande partie de vos Armées ; & que vos soldats d'élite, sans avoir l'honneur d'être Gentilshommes, se dévouent d'assez bonne grace à la mort, & sans tant se faire valoir. Quant à ce que la Noblesse regarde le Service comme son seul débouché, vous me permettrez de faire observer à Votre Majesté que la Noblesse s'est emparée de tout ce qu'il y a de mieux à peu près, & dans tous les ordres. Vos Tribunaux Supérieurs ne sont composés que de Nobles, à leur maniere, (car les Nobles d'épées se croient d'une caste supérieure.) Les premieres places auprès des Autels sont attribuées aux

Nobles, & ſi conſtamment, qu'ils les regardent comme leur patrimoine ; ils murmureroient, d'une extrêmité de l'Empire à l'autre, ſi jamais Votre Majeſté donnoit fréquemment ces places au mérite non titré... Dira-t-on, après avoir fait entendre qu'ils ſe battoient mieux que des bourgeois, qu'ils jugent mieux, qu'enfin ils prient mieux les grands Dieux, & que pour être petits-fils, ou arriere-petits-fils de n'importe qui, ils ſont doués, en naiſſant, d'héroïſme, de ſcience & de ſainteté ? Pourquoi faut-il qu'un *Epis copos* ſoit toujours Gentilhomme, & qu'un roturier ne puiſſe être jamais qu'un ſimple *Presbus* ? Tout l'avantage que je leur ferois, ſeroit, à mérite égal, de leur donner le pas, c'eſt-là le ſeul moyen d'exciter l'émulation dans tous les Ordres de l'Etat. Quand les Nobles verront qu'il ne ſuffira pas de rapporter les contrats de mariages de Meſſires leurs peres & de Damoiſelles leurs meres, mais qu'il faudra faire des preuves perſonnelles d'aptitude & de mérite pour les places auxquelles ils ſe deſtinent, ils ſe croiront obligés de travailler à mériter, & ils mériteront. Les roturiers qui ſçauront que tous les chemins leur ſont ouverts, travailleront de leur côté à l'emporter ſur les Nobles ; delà concours, émulation d'études, d'honneur, dans tous les genres, & cela est bien quelque chose.

J'avoue, Seigneur, quoique j'aie, tout comme un autre, l'honneur d'être Gentilhomme, que je ne vois rien à répondre aux principes que je viens d'établir... Mais que faites vous, reprend le Roi, de l'hérédité du nom qui est, comme la fortune, le patrimoine du fils ? — Il me semble, Seigneur, que cela ne doit pas se confondre dans un même genre de propriété. Si nous voulons oublier, pour un moment, ces ridicules institutions des temps de barbarie & de désordres, nous pourrons voir que la gloire attachée à un nom ne sçauroit jamais être que personnelle, & qu'après la mort de celui qui a mérité, la Nation retire son hommage pour le reporter sur la tête de celui qui méritera. La gloire, en un mot, est un bien public, inaliénable, & accordé à vie seulement ; nul ne peut transmettre, à titre de propriété, un bien dont il n'a que l'usufruit.

Mais voilà qui est abominable, mon cher Baron !.. A cette exclamation, le Prince & Ismin tournerent la tête, & virent derriere eux deux hommes qui les suivoient, montés sur de mauvais chevaux, & dans l'équipage le plus misérable... C'est un singulier hasard, dit Ismin, que celui qui nous fait rencontrer deux Gentilshommes en parlant de la Noblesse; car assurément ces Messieurs, à en juger par la fierté de leur maintien, sont, au moins, d'aussi bonne Maison que Votre Majesté. Il ne sera pas facile de causer avec eux, à moins qu'ils ne daignent nous faire cette grace, en qualité d'étrangers. Suivons-les en attendant, & écoutons. Bientôt quelques questions adroites d'Ismin amenerent la conversation. Vous n'avez donc rien pu obtenir pour votre Chevalier, mon cher Baron, dit l'un des deux? Non, Vicomte, répond le triste Baron. Que voulez-vous? des parvenus, des hommes nouveaux, prennent toutes les Places, & voilà huit cents ans, tout à l'heure, que la fortune & les hommes traitent ma maison avec la même rigueur... Messieurs, dit Ismin, qui déjà n'y pouvoit plus tenir, la Noblesse travaille, en Perse, & ne s'en trouve pas plus mal, du côté même de la considération... Monsieur, répond d'un air dignement irrité le triste & maigre Baron, tout le monde sçait à quoi s'en tenir sur l'opinion qu'on doit avoir de la Noblesse de Perse... Ma foi, Monsieur, elle se bat tout aussi bien que tous les autres Nobles du monde, & quand ce métier ne lui rapporte rien, elle en prend un autre : elle ne se plaint de personne, & personne ne se plaint d'elle. Elle supporte, comme tous les autres Ordres des Citoyens, les Charges publiques, & n'a de prétentions qu'à ce qu'elle croit mériter ; aussi n'excite elle pas d'autre sentiment que celui de l'émulation sans envie.

Je ne sçais comment cela s'arrange en Perse, qui paroît être la Patrie de ces Messieurs, dit le Vicomte, qui jusques-là avoit très-impatiemment gardé le silence le plus profond, mais ici la Noblesse jouit & doit jouir des privileges qu'elle a mérités. Si l'Etat ne veut plus en tenir compte, j'avoue franchement que dès ce moment il me paroît dans le plus grand danger. Que deviendront le Roi & la Nation, si les Nobles, dégoûtés, découragés, refusent de servir ? Je crois, Monsieur, reprend Ismin, que le Roi trouvera des roturiers capables de conduire ses armées... Tout en causant ainsi, ils arriverent à une chaumiere que le triste Baron appelloit son château, misérable donjon d'où le Seigneur suzerain ne descendoit, pressé par la faim, que pour exercer sur les champs, & les personnes de ses malheureux vassaux, tous les droits atrribués à ses hautes prérogatives, & que la misere ne lui permettoit pas souvent de resserrer dans les bornes convenues... Le Baron siffla : à ce signal parurent trois grands & vigoureux paysans, assez mal tournés d'ailleurs, l'air niais, les cheveux mal attachés, dont l'un, dénommé le Chevalier, tira la très-foible haquenée du Baron, son pere, vers un coin de la chaumiere... Il est bien étonnant, dit Ismin au Roi, après qu'ils eurent pris congé de cette illustre race, que trois Seigneurs, de la taille & de la vigueur des fils de M. le Baron, ne trouvent pas quelque moyen de s'occuper. Ces Nobles, pour la plupart, me paroissent assez ressembler à des oiseaux de proie que l'on entretiendroit, tout exprès, dans de vieilles masures pour ravager les campagnes d'alentour... Le Roi, quoiqu'il aimât infiniment sa Noblesse, ne put s'empêcher de rire de la comparaison ; Ismin qui se sentoit en verve, alloit continuer sur le même ton, quand il fut interrompu par la voix suppliante d'un mendiant, dont l'air peu assuré intéressa nos Voyageurs, & leur donna raison de croire qu'il n'avoit pas une longue habitude du métier. (g)

CHAPITRE XIX.

Le Mari mendiant. Il conte ſon hiſtoire au Roi, & ce qui en eſt arrivé.

IGnorez-vous, mon ami, lui dit Iſmin qui vouloit l'engager à parler, qu'il eſt défendu de mendier ? Hélas, Monſieur, répond le pauvre homme, on m'a très-charitablement averti de cette défenſe, en m'ouvrant les portes de la priſon d'où je ſors, mais ſans ajouter un ſol à l'avis, ce qui fait que je meurs de faim. Quelque bonne envie que j'aie d'obéir aux Loix, & quelque honte que je reſſente de ma ſituation, il m'eſt impoſſible, d'ici à ce que je gagne la Ville la plus prochaine, de ne pas ſolliciter quelques ſecours. Il les avoit déja reçus, quand le Prince reprit ainſi. Mais pourquoi étiez-vous en priſon ? Pourquoi êtes-vous réduit à ce triſte état ? — Pourquoi ? Ah ; Meſſieurs, je vais vous conter une étrange hiſtoire ; vous n'aurez après, je crois, aucun regret d'une aumône que vous pourriez croire mal placée. Je vivois à Sardes, j'étois un honnête Artiſan, fort occupé & jouiſſant d'un ın état tranquille ſelon la meſure de mon ıvail ; (ici l'homme s'interrompit par des nglots , eſſuya ſes larmes & continua) je avois rien à deſirer , & j'eſpérois que mon ɔnheur ne changeroit jamais , quand je crus 'appercevoir que ma femme , qui étoit jeune très-jolie , loin d'avoir les mêmes égards ɔur moi , me traitoit avec dureté & mépris. : remarquai qu'elle n'avoit plus , de ſon méıge , le ſoin accoutumé ; qu'elle ne parloit us que d'habillements nouveaux , de parties : plaiſirs , de fêtes , de ſpectacles. (Pardon , Ieſſieurs , de tous ces détails , mais je ſuis en aiſe de vous faire remarquer , en paſſant , ımment , de proche en proche , tout ſe corımpt dans ces grandes Villes.) Elle paroiſſoit ıuvent me reprocher de n'être pas plus riche , ſe plaindre amérement de n'être pas mieux ablie. La tête lui tournoit , au point de me avoir très-mauvais gré de ne pas quitter mon avail pour aller de mon côté à la comédie ; : ſouvent il lui arrivoit d'entrer en colere ıand , pour me mettre au ton de ſes comıgnies , je voulois parler de ſpectacles , (car ıvoue qu'alors je confondois tout.) Elle & ıute ſa ſuite penſerent un jour m'étrangler ɔur avoir dit que Jeannot avoit joué à merveille le rôle d'Achille dans Iphigénie... J'ai appris depuis qu'en effet j'avois dit une sottise, mais enfin ce n'étoit pas une faute, & je ne parlois de tout cela que par complaisance. Je pris le parti de ne plus rien dire, de dévorer mon chagrin sans répondre, dans l'espérance que toutes ces folies-là passeroient, que ma femme reviendroit à la simplicité de son état, & à une conduite plus raisonnable; mais je m'étois cruellement trompé. Je vis bientôt, & à n'en plus douter, qu'une intrigue étoit la source de tous les désordres de ma femme: de vous dire comment, c'est inutile. Je la surpris un jour dans la compagnie d'un riche marchand, notre voisin, & sur lequel j'avois depuis long-temps de violents soupçons... Je confesse que je ne pus me défendre d'un peu d'humeur; je maltraitai le Négociant, & ma moitié que je ramenai chez moi sans autre bruit. J'étois disposé à lui pardonner, pourvu que de son côté elle voulût bien s'en tenir à ce qui venoit de se passer. J'eus pendant quelque temps lieu de m'applaudir de la leçon. Ma femme paroissoit ne plus songer à rien & reprendre le soin de son ménage, je doublois de soins & d'attentions, & comme je suis bon homme, au fond, quoiqu'un peu vif, j'e étois venu à lui demander pardon de mon petit emportement. Mais, hélas, que j'étois loin de prévoir ce qui devoit m'arriver !

Un ſoir en rentrant chez moi, je fus arrêté par trois hommes qui, ſans me dire un mot, me conduiſirent à une priſon où je ſuis reſté ſix mois. J'eus beau demander aux conducteurs & aux gardes de la priſon la raiſon de ce traitement, je n'en reçus d'autre réponſe, ſinon qu'on n'avoit pas de compte à me rendre, & que j'euſſe à me mêler de mes affaires : jamais pourtant je n'aurois cru, en faiſant ces queſtions, pouvoir être accuſé de me mêler des affaires d'autrui. Quelque temps s'étoit écoulé ſans que je puſſe en ſçavoir davantage, quand une lettre qu'on me fit paſſer, je ne ſçais comment, m'apprit que j'étois enfermé à la requête de gens qui protégoient ma pauvre femme contre mes mauvais traitements ; que j'étois convaincu d'être un mari très-dérangé & très-violent ; on finiſſoit par me dire que ma boutique étoit vendue, & tout cela avec des formalités que je ne me rappelle pas ; que ma femme s'étoit retirée dans un quartier très-éloigné de celui que nous habitions, pour ſe ſouſtraire à mes recherches dans le cas où je ſortirois de priſon : ce *dans le cas où je ſorti-*

rois de prison me fit frémir. . . Après avoir bien pleuré & maudit une si abominable perfidie, je finis, comme je crois qu'on finit toujours, par me résigner avec patience à la nécessité. Au bout de six mois de captivité, on m'annonce que j'étois libre, mais on m'avertit bien, en même temps, de ne songer à faire aucune démarche pour retrouver ma femme ; on me donna le conseil d'aller m'établir en Province, & de mieux me comporter à l'avenir. Je promis tout ce qu'on voulut, quoique la rage dans le cœur, & bien déterminé à faire tout le contraire. A peine sorti de prison, j'allai retrouver quelques anciennes connoissances qui voulurent bien se lamenter avec moi sur ma triste aventure, mais qui me conseillerent de renoncer à tous mes petits projets de rancune. J'appris alors ce dont je me doutois, que ce tour m'avoit été joué par le Marchand. Or celui ci avoit un Commis dont la cousine vivoit avec le Secrétaire d'une *Puissance* : la lettre de cachet m'étoit arrivée, en descendant de la Puissance au Secrétaire, du Secrétaire à la cousine, & de la cousine au Commis, enfin au Marchand qui n'avoit pas perdu de temps pour la faire mettre à exécution. Du moment où j'eus fait cette belle découverte-là, je dis hautement & ſottement que j'allois demander juſtice ; je me flattois de l'obtenir quand, un jour où toutes mes eſpérances avoient l'air de ſe réaliſer, je fus pris au corps & conduit à la même priſon par les trois mêmes Meſſieurs qui m'avoient arrêté la premiere fois, & qui eurent la bonté de me dire que j'étois incorrigible. Comme j'avois l'expérience de leurs manieres, je ne fis point, cette fois, de queſtion de pure curioſité, pour ne pas m'attirer la réponſe que j'euſſe à me mêler de mes affaires. On me remit dans le trou que j'avois occupé, deſtiné probablement aux maris dont on veut faire l'éducation. J'y reſtai un an ſans mot dire, & ſans eſſayer de faire paſſer aucune plainte aux dehors. Au bout de l'année, comme on me crut probablement plus raiſonnable, on me rendit ma liberté en me faiſant dire, de je ne ſçais quelle part, qu'on m'avoit tenu charitablement enfermé ſix mois de plus la ſeconde fois, pour me donner le temps de faire de ſages réflexions. On ne s'étoit pas trompé, & celles que j'avois faites m'avoient amené au point de ne plus ſonger à demander juſtice à ſi haute voix.

Il y a trois jours, Meſſieurs, que je ſuis ſorti de la priſon, d'où, ſelon l'uſage, j'ai été congédié ſans le plus foible ſecours. Je vais à la Ville prochaine, où j'eſpere m'occuper & vivre de mon travail juſqu'au temps où le Roi reviendra de ſes voyages, car c'eſt bien à lui que je conte m'adreſſer pour demander juſtice. Sûrement il vous la rendra, reprit vivement le Prince indigné du récit de l'hiſtoire qu'il avoit daigné écouter avec la plus grande attention, quelque minutieuſe qu'elle puiſſe paroître au lecteur... Oui, continue l'infortuné mari, je me jetterai aux pieds de mon Roi dans la confiance qu'il voudra bien abaiſſer ſes regards ſur moi, car les bons Rois ſont comme les Dieux, rien ne leur paroît vil & abject, ſi ce n'eſt le crime & l'injuſtice; tous leurs ſujets ſont égaux à leurs yeux, & quelle que ſoit leur condition, ils ne rejettent pas leurs plaintes... Allez, mon ami, lui dit le Monarque, quoique je vous paroiſſe être un étranger, croyez-moi quand je vous aſſure que vous avez une juſte idée de votre Prince; je ſçais qu'il doit bientôt rentrer dans ſes Etats, ne manquez pas de vous offrir ſur ſon paſſage. Peut-être même le trouverez-vous déjà inſtruit de votre affaire, car je ſçais qu'il a d'étonnants moyens de s'informer de tout... Dieu le veuille, répond l'homme qui s'éloigna en comblant de bénédictions le consolant Voyageur. Le Prince s'entretint long-temps avec Ismin des inconvénients d'ordres ainsi surpris à l'autorité ; bientôt ils sont avertis, par un Commis, qu'ils touchent aux barrieres de la Ville où ils avoient formé le projet de s'arrêter.

L'Auteur ajoute, à la fin de ce Chapitre, que le Mari mendiant ne manqua pas de porter sa plainte au Roi qui exerça la plus exacte justice sur tous les personnages de cette histoire, après en avoir fait constater les faits qui se trouverent tels qu'ils étoient détaillés dans la plainte. La *Puissance* perdit sa faveur, & fut condamnée à de très-gros dommages & intérêts, pour avoir donné un ordre contre la liberté d'un citoyen sans examen. Les deux Dames furent enfermées, l'une pour sa vie, l'autre pour un temps limité ; le Secrétaire & le Commis furent condamnés à une longue prison : le Marchand, auteur de tout ce désordre, fut envoyé à perpétuité aux galeres de Lydie. On assure que ce dénouement rendit les Puissances plus circonspectes, leurs Secrétaires moins dangereux, les Dames plus scrupuleuses, leurs amants moins entreprenants, les Commis plus indifférents aux histoires galantes de leurs maîtres, & sur-tout leurs cousines moins officieuſes ; car le bon & digne Prince éclairé par cette aventure, & par beaucoup d'autres que celle-là, fit éclater, jura qu'il rendroit ainſi reſponſables des ſuites, & en leurs propr perſonnes, ceux qui demanderoient & accorderoient de tels ordres. Il ſe faiſoit repréſente chaque mois un état très-détaillé de tous le priſonniers arrêtés par d'autres voies que celle de la juſtice ordinaire ; des cauſes de leur détention, du temps de leur captivité, de leurs moyens de défenſe, & la plus petite fourberie, dans un genre ſi important, auroit été ſévérement punie ; telles furent les précautions que prit cet excellent Prince pour aſſure la liberté du foible contre la violence & l'injuſtice, juſqu'au temps où l'adminiſtration de la juſtice ſe fût aſſez perfectionnée pour pouvoir être ſeule chargée de tout exercice d'autorité dans ce genre. Tout le monde, comme il eſt aiſé de l'imaginer, fut très-content de ce nouvel arrangement, excepté quelques Auteurs qui, n'ayant plus de diatribes à faire contre les lettres de cachet, retomberent dans l'oubli le plus profond, & qui ſe plaignirent conſéquemment d'une diminution très-conſidérable dans leurs revenus.

CHAPITRE XX.

Manufactures. Ce qu'il convient à un Roi de Lydie d'en penser.

LA population de la Ville immenſe où le Roi ſe propoſoit de s'arrêter, vivoit du travail des Manufactures. Le Prince ſe rappelloit que ſes Miniſtres & ſon Conſeil avoient fait ſouvent l'éloge de cette branche d'induſtrie qu'ils regardoient, de tous les temps, comme une des plus ſolides baſes de l'opulence de la Nation. Il ſe rappelloit encore que les plus grands génies de ſon Adminiſtration avoient toujours été d'avis de tenir les productions de la terre à bas prix pour faire proſpérer les Manufactures. Le Monarque, dont l'eſprit naturellement juſte s'étoit infiniment formé par tout ce qu'il avoit été à portée de voir lui-même & de comparer, réſolut d'examiner avec la plus grande attention tous les rapports de cette eſpece d'induſtrie. Sous l'habit & le nom de Négociant Perſe, il éprouva quelques difficultés pour entrer dans les Manufactures, mais elles furent bientôt levées avec un peu d'argent, car toutes ces défenses & ces recommandations de secret ne sont que des moyens de faire soudoyer, par des étrangers, les malheureux qui gardent les portes pour se dispenser de les payer. Le Roi pénétra donc, avec Ismin, dans la Manufacture la plus nombreuse & la plus brillante. Quel fut son étonnement après avoir fait quelques pas, de rencontrer ce même raisonneur qui l'avoit si cruellement contraint de changer d'opinion sur les avantages du trafic maritime. — Ah, Monsieur, quel plaisir pour moi de vous retrouver, s'écria le Prince... Après une réponse à ce compliment, voici encore de l'opulence, reprit malignement l'inconnu... On le croiroit, répart le Roi, mais vous m'avez appris à ne pas juger si légérement sur les apparences. — Ah, Monsieur, pour cette fois, reprend Ismin qui vouloit exciter le raisonneur, vous serez forcé de convenir qu'ici les apparences sont parfaitement d'accord avec la vérité, & que de telles Manufactures entretenues & soutenues par une si ingénieuse industrie sont du plus grand avantage pour la Nation, & l'emportent de beaucoup sur les profits de l'agriculture... Et vous croyez cela, Monsieur... Assurément, sou-

ent toujours Ismin. . . Je ne puis, en conſ-
ience, me diſpenſer de combattre cette opi-
ion, & je vais vous prouver, au contraire,
joute le raiſonneur en s'échauffant, que ces
nêmes Manufactures, quand on les ſoutient
ux dépens de l'agriculture, ſont pour la Na-
on une cauſe très-prochaine de miſere & de
uine. Je ne ſçais, Monſieur, ſi vous au-
ez la bonté de vous rappeller que j'ai eu
honneur de vous démontrer, il y a quelque
emps, que les richeſſes des Trafiquants n'é-
oient pas les richeſſes de la Nation. Cette
érité doit revenir ici pour bien vous convain-
re que tout ce que vous voyez n'eſt pas
rofit.

Cette étoffe d'or ou d'argent, quelque con-
idérable que paroiſſe le prix auquel on l'achete,
u delà du prix de la matiere dont elle eſt
ormée, ne rend cependant, au delà de cette
aleur, qu'un produit très-médiocre, ſi l'on
eut bien tenir un compte exact des frais qu'elle
coûtés. Il faut encore faire entrer dans ce
roduit, que l'on croit tout bénéfice, une petite
ompenſation des pertes faites ſur les étoffes
u'on ne vend pas : car tous les achats de ce
enre ne ſont fondés que ſur des caprices &
es fantaiſies ; un autre goût, un autre caprice,

vous ruine infailliblement l'Entrepreneur & l Manufacture. Il suffit d'un deuil ici, dans certains moments, pour nécessiter d'énormes banqueroutes en trompant toutes les espérances d travail d'une année ; les ouvriers demeuren sans emplois dans ces cruels moments, & c spectacle si brillant d'opulence factice fait bientôt place alors à celui de la plus affreuse misere : la Ville retentit des clameurs d'un peuple affamé dont l'industrie éteinte, sur de chiffons d'or & d'argent sans valeur, n'a pa les moyens d'acheter le pain du jour. Et c'e alors qu'il faut voir se démener le Satrape d cette Province, pour forcer l'utile laboureur apporter des grains à vil prix à cette malheureuse multitude.

Ces prétendus avantages du trafic éloigné & des Manufactures, auxquels on sacrifie avec peu de ménagement l'agriculture, tiennent a même principe d'erreur & de dévastation. O a toujours confondu les frais avec le profit vous m'avouerez que l'Administration ne devoi pas prospérer avec cette maniere de compter & c'est ce qui est arrivé. Je ne connois qu'un Manufacture qui rapporte, au delà de ses frais un profit sûr, immense, indépendant des fantaisies & des deuils ; l'agriculture. Quoi qu uissent en dire les plaisants & autres gens, ussi profonds qu'aimables, de la Cour & de ı Ville, tous ces attéliers de luxe sont loin e paroître des richesses aux yeux de tout homne sensé qui veut bien prendre la peine d'y egarder de près.

Vous voudriez donc, Monsieur, dit le Prince, détruire les Manufactures, si vous viez quelque influence sur le Conseil du Souerain ? — Non, Monsieur, je ne ferois rien de ela, par la raison d'abord que personne n'a e droit d'empêcher qui que ce soit d'exercer on industrie comme bon lui semble ; mais e ne donnerois point de privileges exclusifs ; es titres des Manufactures Royales seroient upprimés, & je ne contraindrois pas le culivateur de vendre ses denrées au prix que lui ixeroit le Manufacturier Du reste, celui qui rouveroit son compte à faire de la porcelaine, u à fabriquer des étoffes de soie, d'or & 'argent, en seroit bien le maître. Ainsi les Manufactures se rangeroient d'elles-mêmes à eur vraie place, sans que l'Administration eût ffaire de rien commander ou défendre.

Tenez, Messieurs, je me trompe fort si, lans ce moment même, l'Entrepreneur que ous voyez là-bas n'a pas reçu quelque nouvelle fâcheuſe : je lui vois un air de triſteſſe qui sûrement ne peut avoir pour cauſe qu'une banqueroute ou un deuil. Ces Meſſieurs des Manufactures ſont d'une ſenſibilité extrême & prennent, dans certaines ſaiſons, le plus grand intérêt à la ſanté de tous les Princes du monde... Approchons ; ils appprirent, en effet, la nouvelle de la mort d'un petit Prince Egyptien qui mettoit en deuil pour ſix ſemaines la moitié de l'Aſie. Nous voilà ruinés, diſoit l'Entrepreneur à un de ſes Aſſociés... Ciel, quel coup ! Et dans le ſeul moment où nous pouvions eſpérer une vente favorable... Des étoffes charmantes & d'un goût exquis... L'Aſſocié répondoit par d'auſſi triſtes lamentations. Bientôt les plus cruelles inquiétudes ſe répandirent, en même temps que la nouvelle, dans les attéliers, dont on diminua, dans cet inſtant même, les malheureux ouvriers ; & le Roi ſortit plus que perſuadé, qu'il falloit pour ſoutenir un grand Empire, d'autres ſources de richeſſes que celles qui dépendoient de la mort d'un petit Egyptien. (*h*)

CHAPITRE XXI.

Administration de la Justice.

COmment vont vos affaires ? C'étoit une question adressée derriere le Prince à un homme qui répondit... On ne peut plus mal : Je suis ruiné pour avoir eu raison. . . Bon, dit Ismin, voici encore quelque chose à apprendre : les deux Voyageurs s'approcherent & entendirent ce qui suit... Comment ruiné.. ? Oui, reprit le premier interlocuteur, j'ai gagné mon procès avec dépens, dommages & intérêts, & je suis ruiné... Vous sçavez que ma partie avoit appellé à la Cour Supérieure, dont le Tribunal est établi dans la Capitale, à cent & tant de lieues d'ici ; j'ai donc été obligé de faire ce petit voyage pour suivre mon procès, & d'abandonner toutes mes autres affaires. Je pensois que cela seroit bientôt jugé, car il n'y avoit rien de si clair, mais je me trompois. Arrivé dans la Capitale, je suis tombé dans les mains des Procureurs & des Avocats qui, quoi qu'il en soit de leurs nobles fonctions, ne vont pas toujours droit au fait. Il s'est donc élevé un combat à outrance entre mes Avocats & Procureurs, & ceux de ma partie adverſe, le tout à nos dépens; ma partie enfin a ſuccombé, après ſix mois de guerre, pour un fait qu'un quart d'heure de bonne foi auroit décidé, & elle a été condamnée Après avoir fait mon compte, j'ai trouvé qu'il m'en coûtoit le double de la valeur du procès, & me voilà revenu, bien diſpoſé à céder ma *chlamyde* à l'homme qui me la demanderoit, plutôt que de la défendre par voies judiciaires... Pardon, Monſieur, ſi je vous interromps, dit Ismin, mais vous êtes donc obligé d'aller plaider à cent lieues de chez vous?—Oui, Monſieur, & comme vous venez de l'entendre probablement, je ne vous répéterai pas que les deux parties ſont à peu près aſſurées de revenir bien ruinées; car je ne finirois pas, s'il falloit détailler tout ce que l'on eſt obligé de donner depuis le Clerc juſqu'au Secrétaire de M. le Rapporteur, & les frais du voyage dans un maudit pays où tout ſe vend, juſqu'à l'air.

Cette juſtice-là, dit Ismin au Roi, coûte beaucoup, ce me ſemble, pour l'aller chercher; cela, je crois, doit achever de décider Votre Majeſté à diminuer l'étendue des reſſorts de vos Cours Souveraines... Il ſeroit bien important

ortant encore de travailler à diminuer le nombre des Procureurs, & même des Avocats, quelque honneur que ces derniers fassent à la Nation par leurs sublimes pieces d'éloquence & leurs beaux mémoires composés pour la plupart des lettres de ménage d'époux qui s'ennuient de vivre ensemble... Je ne puis, reprend le Roi, me défendre d'un profond sentiment de tristesse en arrêtant mes regards sur ce nombre infini de professions qui ne sont salariées, pour la plupart, que par les erreurs & les vices des Souverains & des Peuples. Soldats, Suppôts de justice, Médecins; ne seroit-il donc pas permis d'espérer qu'avec un peu plus d'instruction, de bonne foi & de tempérance, on auroit moins de guerres & de procès à soutenir, & moins de maladies à supporter. (i)

CHAPITRE XXII.

Le Roi assiste à une Séance d'Académie de Province & à une leçon de College.

LE Roi ne voulut pas s'éloigner de cette grande Ville de trafic sans jetter un coup d'œil sur son College & son Académie. Ces derniers établissements s'étoient tellement multipliés en Lydie, qu'il n'étoit pas de petite Ville qui n'eût sa Société de Lettres, qui embrassoit l'étude de toutes les connoissances humaines. Parmi les nombreux inconvénients qui suivoient nécessairement ces beaux établissements, on pouvoit compter celui de détourner de leurs véritables professions d'honnêtes Citoyens qui, pour la vaine gloire de se voir célébrés dans les affiches de leurs Provinces, négligeoient leur état & leurs familles. Le Roi avoit déjà été témoin d'une querelle, à cette occasion, entre une femme & son époux Académicien. La femme reprochoit au mari d'avoir dépensé la moitié de sa dot à brûler du charbon pour décomposer des métaux & faire des expériences qui avoient pensé brûler & infecter la Ville.

L'époux, non moins ſage que le fut depuis Socrate en face de la furieuſe Xantippe, calculoit, pendant ce temps, ce que le ſang accéléré par une paſſion vive, telle que la colere, pouvoit donner de reſſort & de tenſion aux muſcles d'une Dame. L'Anti - Académicienne laſſée de ne pas recevoir d'injures en échange de celles qu'elle prodiguoit, joignit bientôt les geſtes aux paroles, & força alors le paiſible Philoſophe de ceſſer ſes obſervations. Cette ſcene avoit fourni au Prince quelques réflexions qui l'engagerent à demander, comme étranger, la permiſſion d'aſſiſter à une ſéance d'Académie. On l'admit avec ſon confident. Il entendit d'abord une très-longue, mais très-belle & très-ſçavante diſſertation ſur un objet fort important, & que voici : il s'agiſſoit de filer la toile d'araignée. Le ſçavant, après avoir employé une heure à démontrer la choſe poſſible, tira de ſa poche une paire de gants tiſſus de cette toile; ce qu'il auroit dû faire avant la diſſertation, comme l'obſerva très-bien Ismin. On ſe promit les plus grands ſuccès de cette nouvelle branche d'induſtrie qui devoit enrichir la Province & la Nation, dès le moment où les Dames auroient vaincu leur répugnance pour les araignées. On ne voyoit que cette difficulté qui pût empêcher, dès cet instant mêm l'établissement de ces nouvelles Manufactures

Peu de temps après, un autre Sçavant i diqua une maniere, aussi sûre que commod de descendre dans l'intérieur des volcans po en examiner le travail, & finit par propos au Secrétaire perpétuel de l'Académie de l'a compagner pour faire son rapport de cet expérience à la Compagnie, ce que le Secr taire, pour ne point perdre sa qualité de pe pétuel, ne jugea pas à propos de risquer. C s'arrêta fort peu à l'examen du projet d' Citoyen qui n'avoit pas l'honneur d'être memb d'aucune Académie, & qui proposoit d'ouvr un canal pour féconder la Province: le proj parut trop simple & ne passa point. Enfin Littérature eut son tour après les hautes Scien ces; elle vint délasser les esprits fatigués c l'attention qu'avoient exigée de plus importante lectures. Un Poëte se leva & lut une Piec de Vers, dans lesquels il disoit, en style trè figuré, qu'il voudroit être le *zéphir* pour ca resser une Dame de la Ville qu'il comparoit une *fleur*, ce qui devoit être charmant dan ce temps-là, parce que cela étoit très-neu Aussi applaudit-on beaucoup, & tout le mond se retira très-satisfait, excepté le mari de l

Dame qui, disoit-on, très-peu sensible aux charmes de la poésie & assez violent de sa nature, pourroit bien assommer l'Académicien éphir, & faire enfermer la *fleur* Dame son épouse.

Ces gens-ci ont infiniment d'esprit, dit Isnin, mais je jure bien que si j'étois à la place le Votre Majesté, je n'accorderois plus de Lettres-Patentes pour ces sçavantes Compagnies. l seroit, sans doute, plus avantageux de voir es illustres Membres qui les composent s'occuper tout bonnement de leurs affaires, au lieu e s'amuser à faire des gants de toile d'araignée, & des Vers si subtils... Allons visiter e College, dit le Prince. Le voilà, Messieurs, épond un homme obligeant qui passoit. Comtent, reprend le Roi, mais cette maison a plus air d'une prison que d'une maison d'éducation. L'entrée étoit fermée par une vaste grille de er que vint ouvrir, avec peine, un malheureux e l'aspect le plus triste. A peine arrivés dans a premiere cour, nos Voyageurs apperçurent ne foule d'enfants sales, échevelés, qui, pour ntretenir l'égalité des conditions, se divertissoient à coups de poing & en s'arrachant leurs êtements, sous les yeux de graves Messieurs êtus comme des Commissaires & Juges Lydiens. A un certain ſignal, la tourbe ſe diviſa par bandes, dont chacune entra, ſous la garde d'un des Commiſſaires, dans une petite ſalle obſcure, meublée de bancs uſés & à demi rompus. Le Roi demanda, pour ſon compagnon & lui, la permiſſion d'aſſiſter à une leçon : ils entendirent la très-ennuyeuſe explication de quelques lambeaux d'un Auteur étranger, mort dix-huit ſiecle avant cette leçon. Le Profeſſeur expliquoit gravement des pieces de Vers de cet Auteur, dans leſquelles il propoſoit à un grand Seigneur de ſon temps de venir boire chez lui de mauvais vin dans de petites taſſes, d'autres inintelligibles, d'autres enfin pleines de ſaletés. Un enfant qui n'entendoit rien à ces gentilleſſes de l'ancien bel eſprit, fut condamné au fouet ; le Roi demanda ſa grace & l'obtint, après avoir fait obſerver au digne Profeſſeur que lui-même devoit entendre difficilement d'auſſi ſuperbes paſſages, &, qu'à tout prendre, il étoit à peu près indifférent pour les Lydiens d'entendre ou non ces ſublimes folies.

En voilà, je crois, aſſez, Seigneur, dit Iſmin tout bas au Prince, pour vous donner une idée de l'inſtruction publique dans vos Etats. On n'y dit pas un mot de ce qu'ils devroient ſçavoir pour devenir un jour d'utiles & honnêtes Citoyens ; la forme même ſous laquelle on leur préſente l'étude, eſt plus propre à inſpirer le dégoût & l'effroi, que le deſir d'apprendre. Ce Cours d'inſtruction reſſemble parfaitement à une inſtruction criminelle ; la maiſon a tout l'air d'une priſon, les maîtres ſont vêtus comme des Juges : joignez à cela, des ſupplices, des fouets, des tortures. Ceci regarde encore mon Chancelier, reprend le Monarque, & je ſuis très-aſſuré qu'il n'a pas ſongé à un College depuis qu'il en eſt ſorti. (*k*)

CHAPITRE XXIII.

Fête d'une Roſiere.

L'Auguſte Voyageur s'égayoit, avec ſon confident, ſur les diſſertations Académiques & les leçons de College, quand leur converſation fut interrompue par le bruit d'une Fête champêtre que l'on préparoit à l'entrée d'un village qu'ils étoient ſur le point de traverſer. De par tous les grands Dieux, s'écria le Roi Melès, voici enfin de la joie ! Bénie ſoit-elle, reprit Ismin, depuis que nous la cherchons. Je ne ſçais, continua le Roi, ſi ce pays eſt de droit écrit ou de droit coutumier, mais puisqu'on y apprête des Fêtes, il faut croire que tout y eſt un peu moins mal qu'ailleurs. En approchant ils apperçurent quatre ou cinq trônes couverts de feuillage & élevés ſur des tréteaux : là vinrent ſe placer une jeune Payſanne, un Monſieur & une Dame que la dignité & l'importance du maintien firent aiſément reconnoître pour les Seigneurs du lieu. Le reſte de l'aſſemblée étoit composé de pauvres payſans mal vêtus, & qui, à en juger par leur foibleſſe & leur maigreur, devoient être tout auſſi mal nourris. La cérémonie commença au bruit de deux fifres diſcordants & d'un triſte tambour ; on poſa une couronne ſur la tête d'une jeune fille qui l ur parut d'une exrrême laideur ; auſſi-tôt l'homme de Juſtice du lieu ſe leva, & ſe mit en devoir, non ſans beaucoup de peine, de prononcer un ſuperbe diſcours, dans lequel il parla très-longtemps de la fondation des Empires, de la paix, de la guerre, du droit des gens, tant public que particulier ; delà, par les plus heureuſes tranſitions, il en vint à l'éloge de la magnificence & de la généroſité du Seigneur & de la Dame du Village. Celle-ci, dit-on, à cela près du rôle qu'elle jouoit, auroit trouvé a Fête beaucoup plus belle à l'Opéra Comique de Sardes. L'Orateur vint enfin à l'éloge le la Payſanne, dont il vanta beaucoup la vertu & qu'il cita à tout l'Auditoire comme un nodele parfait de réſiſtance aux agaceries des garçons... Le Prince comprit enfin qu'il s'agiſſoit-là d'un couronnement de Roſiere, inſtitution dont ſes Courtiſans, gens très-vertueux, 'avoient ſi ſouvent entretenu.

Ismin, après avoir remarqué qu'il étoit fâcheux que la Roſiere fût ſi laide, ce qui réellement diminuoit un peu le prix de la vertu lont il étoit queſtion, s'approcha d'un curieux qui ſécouoit la tête à peu près à chaque phraſe le l'homme au diſcours. Voici, dit-il au Roi, in Auditeur avec lequel il pourroit être amuſant de cauſer ſur ces beaux établiſſements, & dans l'inſtant même il lui adreſſe ainſi la parole : Monſieur, les mœurs de ce Village loivent être bien pures ?—Pas tant qu'on pourroit le croire, répond l'ariſtarque, du ton de l'ironie & de la critique la plus amere. Vous m'avouerez, continue-t-il en ſouriant avec malice & en montrant la pauvre fille couronnée, que la vertu qui va ſe loger ainſi, n'a pas, ou ne doit pas avoir de grandes prétentions à a gloire, parce que franchement je crois qu'elle n'a pas beaucoup de risques à courir. Voici auprès de nous quelques jeunes filles très-jolies qui sont probablement comme par-tout ailleurs, c'est-à-dire, charmées de voir qu'on les trouve telles. Il faudroit, je pense, beaucoup de discours comme celui de ce Monsieur, quelque long qu'il soit, continue-t-il en montrant le terrible Orateur qui ne finissoit point, pour changer, dans ce genre, les dispositions des jeunes filles, & Dieu veuille que cela n'arrive jamais. Celles-ci se disoient donc, il n'y a qu'un moment, que celle que l'on vient de couronner n'avoit jamais eu à repousser les attaques de personne, & qu'il étoit bien facile d'être promue à la dignité de Rosiere quand on n'avoit pas à se défendre : j'avoue que j'ai fort applaudi à leurs observations... Il me paroît, Monsieur, reprit Ismin, que vous n'approuvez pas trop ces sortes d'institutions. Ma foi, Monsieur, pour vous dire nettement ce que j'en pense, reprend l'étranger, je crois que c'est bon, tout au plus, à fournir un article de journal, & que du reste, loin d'être utile aux mœurs, cela peut leur nuire infiniment. La vertu n'est pas faite pour venir recevoir froidement une couronne, & à jour nommé, comme un gagne-prix d'Académie. Souvent on fait naître mille vices en courant après une vertu d'apprêt qui presque toujous n'est qu'hypocrisie. Je ne vois ici que beaucoup de vanité & d'ostentation dans le Seigneur & la Dame de ce Village, qui pourroient bien rendre hommage à la vertu sans fifres & sans tambours d'une maniere plus secrette & plus utile. Je vois aussi qu'il peut ne pas être aussi avantageux qu'ils le croient d'exciter leurs vassaux à la pratique du bien par l'espoir d'une récompense dont l'effet nécessaire est de faire naître beaucoup d'animosités & d'envie dans l'intérieur d'une vingtaine de pauvres familles qui seroient tout autant vertueuses qu'il le faudroit sans tant d'apprêts. Ce sont ces maudits faiseurs de livres & de feuilles à l'année, au mois & à la journée, qui tournent la tête à leurs Abonnés avec des articles de bienfaisance & de générosité, &, qui pis est, de mauvais Vers; franchement rien n'est si plaisant que de voir ces belles & chastes Dames des Villes venir couronner la vertu des filles de campagne... Fort bien, Monsieur, mais vous avez avancé, si je ne me trompe, que de tels établissements pourroient même devenir nuisibles aux mœurs, & j'avoue que je ne vois pas encore comment cela peut être.—Je crois l'avoir assez prouvé, Monsieur, en vous citant les tracasseries qui résultent nécessairement de la recherche exacte que l'on fait de la conduite de telle ou de telle fille, des petites injustices, des brigues, car vous semez tout cela dans le lieu où vous fondez un prix. D'ailleurs, continue l'homme qui, depuis long-temps, cherchoit une occasion de pérorer, ne voyez-vous pas que cette institution même, en supposant que tout s'y passe selon les regles de la plus étroite justice, que cette institution, dis-je, est contraire à l'esprit de la vertu qu'elle couronne, & que, de toutes les vertus possibles, c'est celle-là qu'il faut mettre la moins en spectacle. La pureté d'une vierge est flétrie par les regards seuls des hommes qui l'admirent. Ne la séparez jamais de la pudeur son inviolable compagne, couvrez-la d'un voile, au lieu de l'élever sur un trône.

Mais voici, Messieurs, ce qui me paroît le plus dangereux pour les mœurs, c'est d'accoutumer les hommes à confondre la vertu avec le devoir. Il ne faut point récompenser le devoir, ce seroit faire croire qu'il est trop au-dessus de nous, tandis qu'il est à notre portée & d'obligation étroite. Une fille défend son honneur ; un fils a soin de la veillesse de son pere ; un pere de famille veille avec soin sur l'éducation de ſes enfants. Eh bien ! Ce ſont autant de devoirs qu'on a dû remplir. La vertu eſt au delà, elle eſt l'effet d'un ſentiment ſupérieur qui l'éleve au-deſſus de toutes les récompenſes & de tous les jouets de la vanité. On la voit toujours ſe cacher ſous le voile de la modeſtie : jamais il ne lui arrive de venir ſe montrer à jour convenu, pas plus à la Ville qu'au Village, & dire *couronnez-moi, me voilà, je ſuis la vertu.* Des Fêtes & des apprêts ne lui conviennent nullement. Une acclamation ſubite, un hommage non prémédité quand on la rencontre, voilà ſa récompenſe : tout le reſte ne ſied qu'à la vanité. Le ſymptôme le plus effrayant de la chûte des mœurs eſt quand on voit celle-ci ſe confondre avec la vraie vertu, & preſque tous les hommes s'y méprendre. On remarque, & avec raiſon, que c'eſt toujours dans les ſiecles les plus corrompus que l'on entend le plus retentir ces noms ſacrés, de vertu, de juſtice, d'humanité. Tout y prend l'air d'une repréſentation théâtrale où chacun cherche à jouer ſon rôle de la maniere la plus propre à faire illuſion. Chacun ſe retire derriere ſa petite réputation, acquiſe ou par quelques écus donnés à une action d'éclat, ou par un article de journal, & ſe croit diſpensé, pour sa vie, d'en faire davantage. Comme tous ces bienfaisants-là se trouveroient dupes, si personne ne parloît d'eux ! La vertu seroit là cependant.

Dieu me garde cependant de conclure de là qu'il faille interdire aux hommes le plaisir d'accueillir une action vertueuse par les chants & les éloges de la joie & de l'admiration : que cet hommage soit pris, je le répete, dans le sentiment même qui a produit cette action. Mais on ne doit pas le calculer, le mesurer, pour l'ajuster à un procès-verbal, & l'offrir de maniere à faire entendre que celui qui l'offre est bien aise qu'on le sçache. Que cet hommage donc à la vraie vertu, s'il est particulier, soit pur, modeste & désintéressé, comme elle ; s'il est public, qu'il soit grand, noble, respectueux, au défaut de l'enthousiasme qui doit être son vrai caractere, & qu'il ne ressemble pas à une scene de bateleurs.

Je ne sçais qu'un moyen, Messieurs, de ne pas se laisser tromper par le spectacle de ces sortes d'établissements, & de juger avec quelque certitude, de la qualité des mœurs d'un pays. Regardez bien les figures des habitants ; si elles sont pâles & maigres, soyez assuré que les mœurs là sont en grand danger, parce qu'il ſt de fait, en général, que les bonnes mœurs e logent pas long-temps ſous le même toît vec la miſere. A force de ſoins, de récom-enſes, vous ferez bien naître là, pour le noment, une apparente vertu, comme, avec eaucoup de ſoins & de dépenſes encore, vous btiendrez de faire éclorre une roſe dans le limat le moins favorable. Mais de même que ous ne jugerez pas avantageuſement de la qua-té de la terre par cette ſeule fleur que vous verrez naître pour un inſtant, & contre ature, de même je vous invite à ne pas ju-er des mœurs d'un pays par des fêtes & des ertus forcées qui n'ont & n'auront jamais ni ſéve ni l'odeur de la vraie vertu : une terre iche & fertile, voilà quelle eſt la baſe des onnes mœurs.

On doit des éloges à l'intention de l'Admi-iſtrateur, auſſi éclairé que bienfaiſant, qui, premier, a fait revivre un établiſſement de e genre; & il ne faut pas le confondre avec es milliers d'autres fondateurs qui ſont ſurve-us depuis, car il avoit préparé la Fête par le egne de l'aiſance, à la ſuite de laquelle vient ans effort la douce pratique des devoirs; ja-nais il n'auroit imaginé, comme ces gens-ci, le fonder des prix de vertus ſur une malheureuſe terre ſemblable à celle que vous voyez, où le devoir ſeul auroit tant de peine à prendre racine. Ne croyez jamais remplacer l'aiſance & la vertu par des illuſions de théâtre, dirois-je à tout homme digne d'entendre la vérité, & chargé du ſoin de gouverner, ne vous occupez que des moyens de rendre les Peuples heureux, & repoſez-vous alors ſur eux du ſoin des Fêtes, vous en verrez naître, à chaque pas, au ſein de la douce joie & de l'aiſance; la ſimple & modeſte vertu les embellira naturellement de ſa préſence, ſans mêlange d'envie ni d'oſtentation.

Je ne puis, dit Ismin en ſuivant de l'œil le Philoſophe qui déjà ſe perdoit dans la foule, je ne puis, Seigneur, m'empêcher d'avouer à Votre Majeſté que je trouve cette diſſertation très-raiſonnable, & que j'ai une toute autre idée de la vertu. Je renonce au projet que j'avois formé d'établir des Roſieres dans mes terres.. Je commence auſſi à croire, répart le Monarque, que le rétabliſſement des mœurs doit tenir à de plus grands moyens. Tout ceci me rappelle, ajoute Ismin, une inſtitution ſemblable à peu près à ce que nous voyons, qui avoit pour auteur un homme que Votre Majeſté voudra bien me diſpenſer de nommer. Cet honnête fondateur

avoi

avoit établi dans un de ſes domaines un prix pour récompenſer la vertu de la fille la plus chaſte, tandis qu'il ſe ruinoit à corrompre, dans ce même lieu, la vertu des femmes & des filles. Quelque extraordinaire que paroiſſe une telle inconſéquence, dit le Prince, elle n'a rien qui m'étonne; dans les cœurs dépravés & les têtes folles, les extrêmes ſe touchent, il ſeroit auſſi peu ſurprenant de voir quelquefois un voleur de grand chemin faire l'aumône à un paſſant. (*l*)

CHAPITRE XXIV.

Le Roi apprend qu'il ſeroit convenable que les grands Propriétaires vécuſſent dans leurs terres.

A Une très-petite diſtance de ce premier Village, nos Voyageurs en rencontrerent un ſecond de l'aſpect le plus riant, où tout reſpiroit l'aiſance & le bonheur. Le territoire paroiſſoit cultivé avec le plus grand ſoin; les avenues étoient plantées d'arbres fruitiers de toutes les eſpeces, des chemins pavés & bien entretenus y conduiſoient des différentes parties des grandes routes auxquelles ils alloient s'unir. Les maiſons reſſembloient à des habitations d'hommes, & non à des tannieres de bêtes féroces ; elles étoient ſolidement conſtruites, dans une expoſition ſalubre : l'air qu'on y reſpiroit étoit pur comme celui des belles campagnes qui les environnoient. Le Roi voulut entrer dans une de ces habitations : il y trouva une famille nombreuſe aſſiſe à une longue table abondamment garnie ; hommes, femmes, enfants, tous les convives paroiſſoient ſains & vigoureux : ils étoient vêtus d'habits de travail propres & commodes ; leurs viſages étoient riants & ouverts ; ils n'avoient rien de ce je ne ſçais quoi de farouche & de hideux, que donnent la mal-propreté & la miſere, & qui déforment communément les plus belles races. Le pere, le maître, étoit ſeul aſſis à un des bouts de cette table, ſes regards ſe portoient avec complaiſance ſur tout ce qui l'entouroit, & finiſſoient toujours par s'arrêter ſur les plus petits de ſes enfants qui étoient à ſes côtés... Le Prince ne chercha pas à ſe défendre de la douce émotion que lui cauſa ce ſpectacle : après quelques mots honnêtes adreſſés au Pere de famille, (car le Monarque avoit pris l'heureuſe habitude de dire juſte qui convenoit à chacun) il lui demanda comment il ſe faiſoit que ce Village fût peut-être le ſeul de l'Empire, d'où la miſere parût bannie. Si la ſociété d'agriculture s'occupoit de lui ſeul, ſi l'on y avoit fondé des prix d'agriculture ; enfin, s'ils avoient des établiſſements, des Fêtes de *roſieres* & de *bonnes gens*. Il n'eſt pas queſtion de tout cela, répond l'heureux fermier. Il eſt bien venu quelquefois ici des Meſſieurs de la capitale, qui nous étoient envoyés par M. l'Intendant, pour nous enſeigner des ſecrets & de nouveaux moyens de culture. Nous nous ſommes contentés de conduire ces Meſſieurs dans nos champs pour répondre à leurs belles phraſes que nous n'entendions pas plus qu'ils n'entendoient, au fond, la vraie maniere de couvrir la terre de moiſſons. Ces Meſſieurs ſont donc retournés à la Ville faire leurs livres & leurs expériences dans des carrés de jardin, tandis que nous avons continué de cultiver à notre maniere ; c'eſt-à-dire, en n'épargnant ni les ſoins ni l'argent. Quant aux Fêtes de roſieres & de bonnes gens, on ne s'eſt pas encore aviſé de ça ici. Nous ne nous fatiguons pas la tête à rechercher ſi tel a plus ou moins de mérite que tel autre, chacun ſonge, tout bonnement, à faire de ſon mieux ſans nuire à perſonne ; & il n'y a pas trop de temps pour cela ; je vous aſſure qu'il n'en reſte pas pour aller éplucher la conduite du voiſin. La récompenſe d'une vie ſage & laborieuſe ſe trouve naturellement fondée, pour chacun, en raiſon de ce qu'il mérite ; c'eſt l'aiſance, le bonheur, la conſidération ; tout cela n'excite point d'envie, il n'y a là, ni intrigues, ni petites préférences, car on reçoit en proportion de ſa miſe. Nos filles ſont jolies & ne ſçavent pas quand on leur fait des compliments, mais elles ſont vertueuſes, & tout ſimplement, ſans hypocriſie : comme toutes ont l'eſpérance de ſe marier, & de devenir un jour d'heureuſes meres de familles, elles évitent avec ſoin, & de bonne foi, ce qui pourroit nuire à leur réputation, & les empêcher de jouir de l'état qu'elles voient à leurs compagnes. D'ailleurs, comme j'ai eu l'honneur de vous le dire, Monſieur, on eſt trop occupé ici pour ſonger à toutes ces ſubtilités-là : on ſe conduit bien, parce que c'eſt tout ſimple, & franchement nous ſommes de bonnes gens, ſans avoir jamais imaginé qu'on pût être autrement, & ſans avoir beſoin de prix, ni de fêtes, pour devenir tels. Ce n'eſt pourtant pas qu'on ne faſſe ici quelquefois, tout auſſi bien qu'ailleurs, de grandes & belles actions quand l'occaſion s'en préſente, & ſans qu'il y ait pour cela une récompenſe à attendre au bout de l'année. . . Le feu prit, il y a quelques ſemaines, à une maiſon de ce Village : un malheureux enfant étoit endormi dans une chambre que le feu alloit dévorer, quand un de nos jeunes gens, pendant qu'on délibéroit & qu'on ſe lamentoit, eſcalada le toît au milieu des flammes, prit l'enfant & le rapporta à ſa mere. Tout le Village, à commencer par les plus anciens, femmes, enfants, nous l'avons tous embraſſé là ſur le champ, on a penſé l'étouffer. Voilà une récompenſe ça ; vous m'avouerez qu'une fête, quelque brillante qu'elle ſoit, ne vaut pas un tranſport comme celui de ce moment-là. Il eſt vrai que cela lui a valu auſſi que le pere d'une fille qu'il aimoit, & qui ne vouloit pas la lui donner en mariage, parce qu'il ne le trouvoit pas aſſez riche, lui dit, en le ſerrant contre ſon cœur, *Pierre, ma fille ſera ta femme*, & il a tenu parole. Et la mere eſt venue à la noce avec ſon enfant ſauvé, & on pleuroit d'aiſe en voyant cela, ſans que rien fût prémédité. Pardon, Meſſieurs, mais c'eſt que les larmes m'arrivent encore quand je ſonge à cela, dit l'honnête fermier en s'essuyant les yeux... Le Roi & Ismin attendris à ce simple récit, en faisoient autant de leur côté. A quels moyens cependant, reprit l'auguste & sensible Monarque, devez-vous cette aisance dont je vous vois jouir ? — Ma foi, Monsieur, pour vous le dire franchement, répond le fermier, à la résidence du Seigneur du Village dans ses terres. Nous ne pouvons l'attribuer qu'à cela, quand nous songeons à la misere qui nous dévoroit du temps de l'autre Seigneur; il ne venoit jamais ici que pour y fouler ses fermiers, il passoit sa vie à la Cour, où il a si bien fait ses affaires qu'il y est mort ruiné & banqueroutier : qu'il étoit différent de son respectable successeur ! Oui, je ne sçaurois encore me rappeller, sans frémir, le triste état où nous étions tous réduits. Celui-ci, au lieu de dissiper ses biens en folies sur le pavé de la capitale, les a placés sur la terre. Il a commencé par faire de grandes avances à ses fermiers, & loin de les presser pour les remboursements, leur a laissé le temps de se fortifier. Ensuite il a fait travailler à son établissement, car les bâtiments qui tomboient en ruines étoient entourés de champs en friche; tous ces travaux ont fait naître des salaires,

Avant d'en venir à l'agréable, il a encore fait construire les chemins que vous voyez pour joindre les grandes routes ; il n'a rien épargné en grandes & utiles dépenses pour détourner les eaux nuisibles, pour diriger celles qui étoient utiles, tout le monde a trouvé de l'emploi & du travail qui faisoit toujours plaisir, quelque pénible qu'il fût, car on aime à voir que chaque coup de pic, ou de bêche, va produire quelque chose d'utile. Après tout cela il s'est occupé des embellissements de son séjour, & il en est arrivé tout ce que vous voyez. Je maintiens que si les grands Seigneurs imitoient cette conduite-là, ils seroient plus grands Seigneurs qu'ils ne sont, & le Peuple seroit plus heureux, & le Roi seroit autrement puissant qu'il ne l'est... Je le crois, dit Ismin, & sans ajouter rien de plus, pour ne pas interrompre le fermier, que le Roi paroissoit écouter avec le plus vif intérêt... Car qu'est-ce qu'ils font à cette Cour & dans cette capitale, continue-t-il ? On m'a dit qu'ils s'y ennuyoient à mourir, & qu'ils s'y ruinoient sans que cela leur fît grand plaisir. Il faut bien alors qu'ils finissent par *mendier*, quoique ce mot-là paroisse bien fort, & que ce soit du Roi seul qu'ils demandent des secours, cela n'en est pas moins mendier, & recevoir en pure grace des biens qu'ils sont loin d'avoir mérités. Mais si j'étois le Roi, je les attraperois bien. — Et comment feriez-vous, reprend le Prince? Ma foi, je ne regarderois seulement pas ceux qui n'auroient, à ma Cour, d'autre métier que celui d'intriguer ou de jouer, & quand ils seroient ruinés, malgré l'importance de leurs grands noms, je ne leur donnerois ni places ni argent. Quelques exemples de ce genre-là, soutenus avec rigueur, avertiroient les autres & pourroient opérer un grand changement. Qu'ils viennent vivre dans leurs terres, & je suis bien sûr qu'après avoir vu ce qu'il en coûte de soins, d'argent & d'inquiétudes, pour couvrir un champ de fruits, ils n'en risqueront pas dans un moment la valeur sur une carte ou sur un coup de dé. La terre vue de près a un je ne sçais quoi d'intérêt qui inspire le goût de l'ordre, qui tempere la folie de déprédation, qui attendrit & fait plus d'effet sur le cœur des dissipateurs que tous les livres & les sermons du monde. J'ai vu, s'il est permis de comparer les petits aux grands, j'ai vu des enfants de fermiers, comme moi, que la Ville avoit bientôt pervertis, sur qui tous les discours & les préceptes n'opéroient rien, qui pourtant ſont devenus d'honnêtes gens & de bons peres de famille en revenant à la charrue. Pourquoi, dans leur genre, cela ne feroit-il pas le même effet ſur les grands? Je tiens pour certain, moi, que les Médecins & les autres Docteurs, de toutes les ſortes, n'ont qu'une choſe à faire, c'eſt de leur conſeiller, pour leur ſanté comme pour tout le reſte, l'air de la campagne.

Quelle eſt, dit le Roi, la vie que mene ici votre digne Seigneur? La plus heureuſe du monde, répond le fermier. D'abord, il faut commencer par entendre que c'eſt bien quelque choſe pour le bonheur de ſe voir entouré de gens qui partagent celui dont vous jouiſſez, & qui, dans leurs moments de repos, vous comblent de bénédictions. Cela, je crois, eſt un peu différent de l'état de quelques grands Seigneurs de la Ville qui, au contraire, n'ont auprès d'eux qu'une foule de fripons oiſifs qui les pillent, ſans pour cela les aimer davantage; de pauvres créanciers qu'ils réduiſent à la mendicité, qui les maudiſſent eux & leur mémoire pendant une longue ſuite de générations. Quelque plaiſir qu'il y ait d'ailleurs à entretenir une petite maiſon qui fait démolir l'hôtel, des Dames dont on n'eſt point aimé, des valets dont on n'eſt pas ſervi, des équipages que perſonne ne regarde, & de belles fêtes où l'on ne s'amuſe pas, il faut convenir que cela ſeul, d'entendre toujours crier autour de ſoi, doit, au moins, être fort importun.

Il me ſemble, dit le Prince, que pour un habitant de la campagne, vous connoiſſez un peu la Ville... Hélas, Monſieur, je le confeſſerai à ma honte, j'étois un de ces fils de fermier dont je vous parlois il n'y a qu'un moment, que la Ville avoit pervertis, & que la Providence a daigné ramener à la vie des champs... Mais revenons à notre bon Seigneur, car je ne puis me laſſer de parler de lui. Il eſt toujours occupé de quelques moyens de perfectionner nos travaux; de la campagne il paſſe dans ſes jardins, où il trouve mille objets de délaſſement, car il commence toujours par l'utile. Dans nos jours de fêtes & de repos, il daigne s'amuſer de nos jeux; ſa préſence y maintient l'ordre ſans en troubler la joie, & je vous jure bien qu'il n'a pas l'air de s'ennuyer. Car n'imaginez pas que ſa vie puiſſe reſſembler à celle que menent certains Seigneurs dans leurs terres, où ils ne viennent qu'après s'être ruinés, & où, conſéquemment, ils vivent de la maniere la plus meſquine. Il n'eſt sûrement pas d'homme de qualité, à la Cour ou à la Ville, dont la représentation égale celle qu'il a ici. Sa Cour est composée de tous les pauvres Nobles de la Province, qui le regardent & le chérissent comme leur pere ; il les aide, les encourage, se charge des enfants des plus pauvres & des plus méritants. Sa maison est nombreuse & bien payée ; ses valets ne sont pas de ces Messieurs qui d'ordinaire n'ont d'autre métier, à la campagne, que celui d'y pervertir les mœurs, d'y faire naître le goût de l'oisiveté & de l'indépendance, & d'inspirer à tous les jeunes gens le desir de se faire laquais. Non, non, l'ordre de sa maison ne souffre, dans ce nombreux domestique, ni le vice, ni l'insolence, ni l'oisiveté, tout y est à sa place, & tout y prend l'air de l'aisance, de la grandeur, de la décence & du bonheur.

Le Prince enchanté de ces détails, pria le bon fermier de l'accompagner jusqu'à l'habitation du digne Seigneur, & quoique ses yeux dussent être accoutumés à la magnificence, le noble aspect de la maison, la vaste étendue des jardins, le goût de leur distribution, l'heureux accord de toutes les beautés de la nature, avec les soins de l'art le mieux entendu, tout, à chaque pas, excitoit dans l'ame du Monarque un nouveau sentiment de surprise & d'admiration.

Je ne crois pas, dit le fermier en faisant ses adieux aux deux Voyageurs, que tout le faste des élégants de la capitale, puisse tenir contre ce que vous voyez. Que de joujoux il faudroit pour payer seulement la dépense qui se fait ici ! Comme cette bonne terre fournit à tout, quand on sçait vivre avec elle ! Ce fut par cette derniere exclamation que se termina la sçene du fermier, qui laissa le Prince & Ismin ravis de ses observations. Ismin saisit cette occasion de reprendre la conversation qu'il avoit déjà eue avec le Roi sur la Noblesse ; le Monarque fut très-persuadé que la Noblesse digne, & seule digne de ses faveurs, étoit celle qui donnoit au reste de la Nation l'exemple de l'ordre & des vertus.

CHAPITRE XXV.

Des Moines Lydiens.

Il est nécessaire d'avertir, pour l'intelligence de ce Chapitre, qu'il y avoit autrefois beaucoup de Moines en Lydie : ils s'étoient établis là, comme ils ont fait depuis dans nos contrées, en vivant de peu, en travaillant beaucoup. On leur reprochoit d'avoir abusé de la crédulité des bonnes gens, de s'être fait céder beaucoup de biens temporels en échange des spirituels qu'ils promettoient. Quoique ce reproche ne fût pas sans quelque fondement, c'étoit remonter bien haut pour leur chercher querelle; mais ils étoient devenus riches & puissants, au point d'exciter la cupidité.

Il faut dire encore que le siecle du Roi Melès étoit un siecle de philosophie décisive & tranchante, qui ne voyoit pas de raisons pour laisser subsister les choses établies, & qui, sans s'inquiéter de ce qu'on pourroit remettre à leur place, démolissoit & détruisoit de la meilleure grace du monde. Des milliers de beaux esprits avoient réuni tous leurs efforts contre la Religion; les Prêtres qui n'étoient pas si plaisants que leurs Adversaires, laissoient la chose se défendre par elle-même; les Grands Prêtres ou Surveillants, qu'on a depuis appellés *Episcopoi*, lançoient bien de temps en temps quelques discours de leur composition, dans lesquels ils vouoient les mécréants aux Dieux infernaux; mais peu de gens lisoient ces discours écrits communément avec négligence,

& peu propres à faire quelque impreſſion. L
plus fins de ces Surveillants ſe tournerent ve
l'Adminiſtration des Provinces, & ne parure
plus ſe mêler que d'Adminiſtration temporelle
ils y trouvoient l'avantage de joindre à la con
ſidération chancellante du ſacerdoce celle qu
donnent les affaires, & de paſſer quelque
hivers à Sardes. Du reſte, ils étoient fort ai
mables, & ne parloient pas plus des grand
Dieux que s'il n'en eût jamais été queſtion
ils rioient avec les plaiſants, étoient toléran
avec tout le monde, & jouiſſoient très-noble
ment, en bons Gentilshommes, des bienfait
de la Providence. Ils ne paroiſſoient pas tro
s'inquiéter des écrits des Philoſophes, parc
qu'ils ſçavoient que ces beaux génies finiroien
par ennuyer les Dames qui, à Sardes, comm
par tout ailleurs, n'ont jamais eu grand plaiſi
à entendre ſoutenir des Theſes. Il étoit bie
quelques gens un peu raiſonneurs qui diſoien
qu'il ne ſuffiſoit pas pour un *Surveillant* d'ê
tre homme de bonne compagnie, & que tou
auroient dû, comme l'avoient fait entendre quel
ques-uns d'entr'eux, répondre aux écrits de
profanes, ſinon, par d'autres écrits, au moin
par la pratique exemplaire des vertus qu'il
recommandoient, retourner dans les Provinces

& ſe remettre à une Adminiſtration un peu plus ſpirituelle. Mais ces gens-là furent contraints de ſe taire, parce que les *Episcopoi* leur répondirent qu'ils étoient auſſi des impies.

Au milieu de tous ces déſordres, les Moines s'attendoient bien qu'on viendroit à eux, & qu'ils pourroient bien payer pour tout le monde. On les badinoit depuis long-temps ſur la forme de leurs capuchons, ſur leurs cérémonies, ſur la regle de leur inſtitut; juſqu'alors ils n'avoient pas pris l'alarme : mais ils commencerent de craindre ſérieuſement, quand ils virent un Prince voiſin de la Lydie s'emparer des biens de leurs Confreres, en vertu de la puiſſance qu'il tenoit de Dieu & de 300000 hommes ſous les armes. Cet exemple, on ne peut le diſſimuler, avoit fait une ſorte d'impreſſion ſur le Roi Melès. En paſſant un jour près d'une des plus belles Maiſons de l'Ordre le mieux fondé dans l'Empire, il ne put s'empêcher de dire à Ismin, ces gens-là ſont bien riches, & leurs biens, ce me ſemble, pourroient être employés d'une maniere plus utile. Seigneur, reprit Ismin, qui voyoit aiſément où tendoit le diſcours du Prince, je crois, en général, que Votre Majeſté a beaucoup d'autres choſes à faire avant que d'en venir à ſe charger de l'emploi des biens des Moines. Je ne rechercherai pas da ce moment l'origine de leur propriété, je n'e diſcuterai pas la nature ; je ne dirai pas qu' eſt juſte ou injuſte de les chaſſer de leu poſſeſſions, qu'un Moine peut, ou ne peut p tranſmettre à un autre Moine le droit qu'il n pas, car j'ennuierois Votre Majeſté ſans l'é clairer davantage : je me bornerai à lui fair obſerver qu'on doit au moins les regarder les traiter comme des Citoyens qui ont pr un état ſur la foi publique, & que cela ſeu mérite quelque conſidération. Je vois d'ailleur qu'ils ne nuiſent à perſonne, & qu'à cela prè de quelques mauvaiſes plaiſanteries qu'on re nouvelle ſur leur compte, on ne peut guere leur reprocher que d'être un peu à leur aiſe & il faut ſe méfier des arguments de la cu pidité. Ils ſont dans ce moment-ci fort tranquilles, & n'excitent plus les Peuples à prendr parti dans leurs inintelligibles quérelles : ils mangent leurs portions dans le lieu où ils ſont, excepté les Très-Révérends Peres, leurs Chef Commendataires, qui vivent dans la capital aſſez communément ; ils cultivent fort bien leurs terres, entretiennent à merveille leurs bâtiments, comme vous le voyez, & font vivre tout ce qui eſt autour d'eux. Loin de les

détruire,

détruire, je ferois affez tenté de les engager à envoyer quelques-uns de leurs Détachements dans les plus miférables contrées de vos Etats, & de leur permettre de s'y établir. Isinin fut interrompu, dans ce moment, par la rencontre de plufieurs payfans qui s'acheminoient vers le Couvent. Et où allez-vous, mes bonnes gens, leur demande le Roi ? Monfieur, répond un des payfans, nous allons tous à ce Couvent que vous voyez, & chacun pour y chercher quelques fecours : moi, je vais prier Monfieur le Supérieur d'envoyer tout de fuite le Médecin de la Maifon chez deux de mes enfants qui font pris, à ce que je penfe, de la maladie qui a déjà fait tant de ravages dans ce canton-ci, & qui en auroit fait bien davantage fans les foins des ces Meffieurs, en montrant le Couvent : car quand il nous arrive quelque malheur, nous allons là. Et vous n'êtes jamais repouffés, reprend le Roi ? Non, jamais, quoiqu'ils fçachent fort bien diftinguer le vice & la pareffe, & que fur cela il ne foit gueres poffible de les attraper. Vous feriez donc bien fâchés, continue le Roi, fi, comme on le dit quelquefois, on s'avifoit de détruire ces maifons ? Ma foi, Monfieur, autant vaudroit mettre feu à tout le pays... Mais, reprend le Prince, leurs biens feroient tenus par d'autres ? Bon, répond le payfan, mais d'autres ne les tiendroient peut-être pas fi bien qu'eux. Il n'y a qu'à comparer les terres de ce canton, qui appartiennent au Roi & aux particuliers, avec celles de nos Meffieurs, & l'on verra la différence. Si un fermier fait quelques pertes confidérables, ils n'achevent pas fa ruine en le preffant de payer ; au contraire, ils lui donnent du temps, lui font des remifes, & lui accordent tous les moyens de fe rétablir, ainfi la terre ne fouffre jamais, & c'eft là l'effentiel. Ces autres dont vous parlez, Monfieur, qui pofféderoient ces biens, feroient, fans y manquer, ce que font prefque tous les Seigneurs du pays, ils iroient manger leurs revenus, & par de-là encore, à la grande Ville ou à la Cour. Comme tout ce beau pays-là deviendroit bientôt une friche !... Mais avant qu'il y eût des Moines, dit encore le Prince qui s'amufoit fort de la converfation du payfan, & dans les pays où il n'y en a point, les terres étoient & font bien cultivées, & le Peuple n'en eft pas plus malheureux.— Par ma foi, Monfieur, je ne fçais pas comment cela fe paffoit avant qu'il y eût des Moines, c'eft au-delà de ma connoiffance, tout ce que je fçais, c'eft qu'ils font affez anciens ici, & que j'en ai toujours entendu dire du bien ; quant aux pays où il n'y en a point, si les habitants de ces pays-là se soutiennent bien sans eux, apparemment qu'on a eu soin de mettre à leur place quelque autre chose qui en tient lieu, & que leurs Seigneurs, peut-être, vivent au moins comme nos Moines. En vérité, Monsieur, continue le paysan en montrant du doigt les vastes bâtiments du Monastere, je vous assure que si ces deux tours que vous voyez là venoient à tomber, nous serions tous bien tristes, car c'est le refuge de tout le pays.

Dans cette maladie, par exemple, dont je vous parlois tout à l'heure, que serions-nous devenus sans ces bons Messieurs ? Dès le premier moment où le mal s'est déclaré, ils ont envoyé chercher les meilleurs Médecins de la Ville, ils ont fait acheter tous les remédes nécessaires, ils nous ont fait préparer, & en abondance, les aliments convenables, & nous n'avons pas un seul de ces mémoires là à payer. Un pere de famille est-il trop chargé d'enfants, une femme reste-t-elle veuve avec des orphelins, eh bien, ils viennent au secours. La grêle ruine-t-elle un champ, ils font des avances au malheureux qui, sans cela, ne pourroit se remonter. Un hiver est-il long & rude, ils sçavent le rendre supportable pour tout le monde ; en un mot, tout s'arrange avec eux. Oui, Monsieur, je le répete, il me paroît bien difficile de mettre à leur place quelqu'un qui fasse autant de bien qu'eux. Le Roi est bien le maître, sans contredit, mais s'il nous consultoit avant de faire une opération comme celle-là, sûrement il seroit bien étonné de tout ce que nous dirions pour le prier de ne pas faire démolir le Couvent. Je ne suis pas bien fort sur la lecture, mais j'en sçais assez cependant pour voir que c'est toujours dans ces Villes qu'on imagine de beaux projets comme ça. Il y a toujours là quantités d'habiles Messieurs qui ne songent qu'à tout bouleverser, avec tout leur esprit, ils feroient bien mieux de s'amuser à autre chose ; il m'est avis qu'ils ressemblent à des gens qui mettroient le feu à une maison pour l'éclairer. Adieu, Messieurs, veuille le Ciel nous préserver, & les Moines, de tout accident de ce genre, car ce seroit encore plus malheureux pour eux que pour nous. . . Ismin étoit enchanté de l'apologie que venoit de faire cet homme... La vérité, Seigneur, dit-il au Prince, s'est montrée là sans déguisement, je suis bien assuré que Votre Majesté ne trouve plus tant de facilité à faire un meilleur emploi du bien des Moines. Ah, mon cher Ismin, répond le Monarque, je n'oublierai jamais qu'il faut se méfier des arguments de la cupidité, & ne pas se presser de détruire.

Nota. J'omets ici les détails de quelques voyages que le Roi fit encore dans ses Provinces, ils m'ont paru rentrer, pour la plupart, dans ce qu'on a déjà vu : je passe donc au séjour du Roi dans sa capitale.

CHAPITRE XXVI.

Arrivée du Roi dans sa Capitale. Premiers objets qui frappent ses regards.

SArdes étoit remplie, comme toutes les Capitales du monde, de grands Seigneurs, qui se ruinoient, de parvenus qui s'efforçoient d'imiter les grands Seigneurs, & qui retomboient dans la fange d'où ils s'étoient élevés, d'intriguants qui vivoient aux dépens de tout le monde, de charlatans de toutes les sortes ; les uns montés sur des tréteaux dans les places publiques ; les autres faisant leurs tours à huis-clos ; enfin, d'une foule immense de Peuple, dont une moitié étoit pervertie par le luxe ; & l'autre dévorée par la misere Quoi qu'il en fût des sermons des Prêtres, des traités de morale des Philosophes, des traits de bienfaisance & de générosité des journaux, les vices de tous les genres infectoient toutes les conditions.

Nous ne suivrons pas le Monarque dans le cours entier de ses observations, nous nous bornerons à rapporter quelques-unes des scenes qui s'offriront à ses regards, & qui peuvent devenir utiles à tous les pays. Le jour baissoit au moment de l'arrivée du Roi dans la Capitale: comme il étoit trop tard pour observer ailleurs que dans les rues, & comme le Prince ne vouloit cependant pas perdre un seul instant du temps qu'il employoit si utilement, allons, dit-il à son cher Ismin, mêlons-nous dans la foule, & voyons comment les journées finissent à Sardes : ils s'avancent vers les quartiers les plus brillants. Quoique le Monarque n'ignorât pas les progrès affreux de la corruption, & de la ruine absolue des mœurs, il fut étonné & recula plus d'une fois d'horreur à l'aspect des excès publics du libertinage & de la dissolution. Les rues les plus fréquentées étoient remplies, sans interruption, de femmes perdues, à demi ivres, aux dégoûtantes invitations desquelles il étoit impossible d'échapper. Quelques précautions que prissent les honnêtes habitants des boutiques qui bordoient ces rues, ils avoient la douleur de voir leurs enfants témoins de ces sales orgies qui ne cessoient que dans les moments du passage des Patrouilles préposées pour la garde de la Ville. Les tavernes voisines regorgoient de la plus vile populace abandonnée à toutes es fureurs de la crapule. C'étoit dans ces lieux nfames que de malheureux fils d'artisans, dont es inclinations auroient pu devenir honnêtes, venoient livrer à la prostitution, au jeu, à la débauche, le salaire de longs jours de peine dérobé à leurs peres, & ruiner leurs forces à peine naissantes ; c'étoit là que des peres eux-mêmes dévoroient, dans un instant, la subsistance qui auroit suffi une semaine entiere à leurs familles expirantes de besoins ; c'étoit là, enfin, que le Peuple venoit s'abreuver de liqueurs empoisonnées, & puiser, dans les bruyants éclats d'une fausse joie, des germes de maladie & de mort.

Quel abominable spectacle, dit le Roi en se retournant vers Ismin, qui n'étoit pas moins étonné que son auguste Maître ! Qui croiroit que la plus vile populace d'un Nation qui se croit civilifée, puiffe fe livrer à cet excès d'abandon & de crapule ? Meffieurs, dit alors un homme très-poli qui fe trouvoit auprès d'eux & qui avoit entendu l'exclamation du Roi, je vois bien que vous êtes fcandalifés de la maniere dont on permet ici au Peuple de fe récréer, & affurément quelqu'indulgent qu'on foit, jamais il n'a paru plus permis de fe fcandalifer. Cependant vous daignerez remarquer, en y réfléchiffant, que les chofes ne fçauroient gueres être autrement... Et comment cela, reprit Ismin fortement furpris de ce préambule ? Voici une queftion, reprit le Citadin que ne me feroient pas ces Meffieurs s'ils étoient Lydiens, & s'ils avoient un peu étudié notre conftitution. Quelle peut donc être, répart le Roi avec vivacité, la conftitution qui néceffite d'auffi abominables défordres ? Un peu de patience, daignez vous calmer, Monfieur, je vous en fupplie, continue toujours très-doucement & très-poliment l'honnête Bourgeois, & procédons, s'il vous plaît, par ordre. Ces femmes que vous voyez arrêter les paffants avec tant d'impudence, doivent être néceffairement tolérées dans une Ville auffi peuplée que l'eft celle-ci. Les Moraliftes, comme vous le fçavez, ont décidé que de deux maux il falloit choisir le moindre. Or, ces malheureuses sauvent la vertu de nos femmes & de nos filles des attaques d'une jeunesse qu'il seroit autrement très-difficile de contenir. En admettant le principe qu'il faut tolérer cette espece de femmes, on ne peut faire qu'elle ne soit telle que vous la voyez, & qu'elle ait plus de décence dans les manieres. Quant à leur nombre, qui, je l'avoue, est très-considérable, il est encore assez difficile d'avoir sur cela un tarif bien exact : elles sont sans cesse recrutées de malheureuses filles de Provinces qui viennent à Sardes toujours dans l'espérance d'y faire fortune, de jeunes filles débauchées par les valets des grands Seigneurs & des Financiers ; d'autres enfin précipitées par la misere dans une premiere faute dont elles ont bientôt perdu la honte... De temps en temps la Police fait main-basse sur ces misérables, on les enferme pendant quelques mois dans des maisons de force ; là on les contraint de travailler & d'entendre des discours spirituels qui ne doivent pas être d'une éloquence bien persuasive à en juger par les effets ; car à peine sont-elles remises en liberté pour faire place à de nouvelles pénitentes, qu'elles reprennent leur ancien métier avec d'autant plus d'ardeur, qu'il faut réparer les pertes que leur a causées une longue captivité. Jusques-là, Messieurs, vous serez forcé de convenir qu'il n'y a rien de plus naturel, & qu'il ne faut jamais se presser de se scandaliser. J'ajouterai même qu'il y a de sublimes politiques qui, abstraction faite de toute considération morale, prétendent que ce genre de tolérance a pour l'Etat même un côté très-avantageux, (le Roi, cette fois, perdoit patience sans un signe d'Ismin) & vous serez forcé de convenir que leurs raisons sont d'un grand poids. Ils disent donc d'abord que les filles de cette espece, mais dans le premier ordre, soutiennent, par leur goût & leur dépense, notre commerce de modes, qui, de l'aveu de tout le monde, est une des plus fécondes sources de notre opulence, que l'argent circuleroit sans elles dans les Provinces les plus reculées, où il ne feroit honneur à personne ; car il s'y changeroit en bled, en vin & autres productions communes, au lieu de venir animer les arts qui élevent notre nation à un si haut degré de gloire & de puissance. Voilà pour les Dames de ce genre, du premier ordre, qui d'ailleurs font une très-grande dépense en bâtiments, meubles, équipages : de plus, elles sont douées, depuis quelque temps, de qualités personnelles qui les endent infiniment eſtimables. Elles s'adonnent, pour la plupart, à l'étude des beaux arts, leurs maiſons ſont le rendez-vous ordinaire de nos beaux eſprits, & d'une jeuneſſe brillante qu'elles veulent bien prendre ſoin de débarraſſer de tous es préjugés de leur éducation, & qu'elles forment merveilleuſement pour la ſociété. Pluſieurs d'entr'elles ſont d'une étonnante profondeur en philoſophie & en morale; elles ont toujours à a bouche les mots de bienfaiſance & de généroſité, ſur-tout, elles vous citeront de mémoire des pages entieres d'un des plus grands Ecrivains de ce ſiecle qui eſt devenu leur Auteur favori; enfin on ne ſçauroit porter plus loin qu'elles ne le font l'amour de l'humanité.

Ces mêmes politiques diſent encore des malheureuſes de ce dernier ordre qui ſe traînent dans la fange des rues, qu'elles ſont très-utiles par leurs conſommations perſonnelles & par celes qu'elles néceſſitent; il eſt vrai que des voleurs conſidérés ſous ce rapport de comſommateurs, peuvent auſſi devenir infiniment utiles.

Quant à ces cabarets remplis d'une populace dépravée, le Lydien le moins inſtruit vous dira que ſi ces gens-là ne buvoient pas juſqu'à s'enivrer, Meſſieurs les Fermiers Généraux renroient moins au Souverain, & que lorſqu'il eſt queſtion de diminuer une occaſion de débauche; on craint toujours, & avec raiſon, de cauſer une grande diminution dans l'Etat des revenus de l'impoſition. Vous obſerverez peut-être, Meſſieurs, que vous conſentiriez à laiſſer ces malheureux boire même juſqu'à l'excès, ſous la condition que le vin ne ſeroit pas mal-faiſant; mais le cabaretier ne manquera pas de vous dire que les droits d'entrée ſont tels, qu'ils ne ſçauroit ſe tirer d'affaire & donner ſon vin à un prix honnête, que le Peuple paie encore avec peine, qu'en faiſant, par un petit travail particulier, deux ou trois pieces d'une; qu'ainſi il gagne très-légitimement, par ſon honnête induſtrie, les droits d'entrée d'une piece, & qu'on n'a rien à lui dire, pourvu que le buveur ne tombe pas mort ſur la table, dût-il mourir peu de jours après. Les gens chargés de la police de cette immenſe cité ajouteront que ſans ces maiſons de débauche, il ſeroit impoſſible de pourvoir à ſa ſûreté : tous les brigands qu'elle récéle dans ſes murs ne volent & ne pillent que pour mener ce qu'ils appellent une vie joyeuſe; ils viennent là entre les filles, les pots & le jeu oublier les fatigues du jour, & ſe diſtraire ſur les craintes de la nuit; ces maiſons ſont les pieges où ils ſe prennent eux-mêmes dans l'in ſouciance & l'abandon de l'ivreſſe. Il eſt quelques perſonnes un peu ſéveres en principes qui penſent que l'avantage qui réſulte de la capture d'un brigand ne peut ſe comparer à l'inconvénient d'expoſer à ſe pervertir cent hommes qui auroient pu devenir d'honnêtes gens. Mais il faut croire que tout cela a été mûrement peſé, examiné, & que l'avantage pour les mœurs doit être du côté des cabarets, puiſqu'on les laiſſe ſubſiſter, & ſous la forme que vous voyez, quelque ſcandaleuſe qu'elle paroiſſe.

Je finirai, Meſſieurs, en vous priant d'obſerver que de tels établiſſements ſont de premiere néceſſité pour recruter les armées. Auſſi voyez-vous ces tavernes remplies de ſoldats qui viennent y enrôler des camarades, ils en trouvent à choiſir. Les uns ſont des jeunes gens qui n'oſent plus rentrer dans la maiſon paternelle ; les autres craignent quelque châtiment public mérité par leurs déſordres ; ceux-ci, qui n'ont plus d'argent, ſe vendent pour fournir à quelques jours de débauche ; ceux-là ſe perſuadent aiſément que le temps de leur engagement reſſemblera à celui de l'enrôlement ; la maîtreſſe & le vin du héros Recruteur achevent de déterminer le plus mefiant & le moins libertin. (Ici le Roi ne put s'empêcher de ſoupirer en ſe rappellant ſa converſation avec le ſoldat qu'il avoit rencontré quelque temps auparavant.) On obſerve quelquefois, continue l'impitoyable diſſertateur, que des hommes pris dans de telles eſpeces doivent devenir de très-mauvais ſoldats qui meurent ſous le bâton ou dans les hôpitaux, quand ils ne trouvent pas les moyens de déſerter ; mais il n'eſt gueres que des Philoſophes, & autres gens à rêveries, qui faſſent de telles obſervations ; pourvu qu'un homme ait la taille convenable, il importe très-peu d'ailleurs de connoître ſes diſpoſitions & ſes ſentiments ; c'étoit bien quelque choſe autrefois, mais cela eſt devenu aujourd'hui indifférent, & mon couſin qui eſt un grand homme de guerre m'a aſſuré plus d'une fois qu'on riroit au nez d'un Colonel qui s'aviſeroit de faire quelque attentive à la moralité des recrues qu'on lui envoie.

Pardon, Meſſieurs, je finis cette fois, j'étois bien aiſe de vous donner une idée un peu plus juſte de ce qui me paroiſſoit tant bleſſer vos regards. Le Monarque & Iſmin reſterent muets dans l'étonnement que leur cauſa la prodigieuſe volubilité de cet étrange raiſonneur, & n'en furent pas moins ſcandaliſés de ce qu'ils avoient vu. (*m*)

CHAPITRE XXVII.

Converſations politiques d'un Café. Nouvelle qui ſurprend le Roi. Encore un peu de Philoſophie.

LE Roi, après avoir obſervé une partie du Peuple de la Capitale en récréation, voulut auſſi l'examiner dans les genres du travail; dès le matin donc il ſe remit en route avec Iſmin. Les rues étoient remplies d'une foule d'hommes, d'enfants, de femmes, de vieillards & d'infirmes, errants, confondus pêle mêle avec les voitures & les chevaux, le tout criant, jurant, ſe heurtant ſans ceſſe. L'ame ſenſible du Monarque ſe troubloit, à chaque pas qu'il faiſoit, de la crainte de voir ces malheureux près d'être écraſés ſous les roues, ou foulés ſous les pieds des chevaux. Je remarque, dit-il à Iſmin, que tout eſt merveilleuſement diſpoſé ici pour la commodité des grands & des riches, mais qu'on n'y tient nul compte du Peuple, il m'y paroît traité avec une ſorte d'indifférence qui differe peu du mépris. Ne ſeroit-ce pas là une des raiſons pour leſquelles tant de profonds Ecrivains de ce ſiecle, qui ne jugent des différents gouvernements que par l'état des rues, préferent la République à la Monarchie ? Cela peut fort bien être, répond Ismin, mais ſi l'on ne peut, ſans d'énormes dépenſes, élargir & tenir plus propres ces rues étroites & fangeuſes, ne ſeroit-il pas poſſible d'arrêter un peu le train de ces voitures, dont il me paroîtroit bien convenable auſſi de diminuer le nombre ? Ce dernier article, reprend le Prince, tient à des principes plus profonds que ceux de la Police. Mais que ce Peuple paroît miſérable, à en juger par la foibleſſe de ſa conſtitution & les haillons dont il eſt à peine couvert ! Tout en faiſant ces triſtes réflexions, & en ſe ſauvant, avec peine, eux-mêmes du fracas des rues, nos deux Voyageurs entrerent dans un Café rempli de nouvelliſtes & de diſſertateurs. Ils prirent ſéance près d'une table où la converſation paroiſſoit très-animée. L'auditoire étoit nombreux & prêtoit la plus grande attention aux diſcours de deux politiques célebres qui ſe laiſſoient, à peine, le loiſir de s'entendre pour ſe répondre. Il s'agiſſoit d'une guerre très-prochaine que projettoient deux Puiſſances réunies contre un Peuple qui n'avoit gueres d'autre tort

tort que celui d'être très-différent, dans ses manieres, des nations qui l'entouroient, & d'occuper une des plus belles contrées de l'Asie. Du reste, il étoit noble, généreux, fidele à sa parole, & depuis le moment où il s'étoit établi on ne l'avoit point vu se mettre en campagne pour autre raison que celle de sa propre défense. Le politique protecteur des deux Puissances confédérées convenoit des qualités de ce Peuple, mais il répondoit, qu'il ne vouloit, ni étudier, ni permettre aux autres d'aller étudier chez lui, que les plus beaux monuments de l'antiquité, dont il étoit possesseur, restoient ensévelis sous le sable, sans que personne osât les déterrer, & qu'il seroit bien doux pour Messieurs de l'Académie des Inscriptions & belles Lettres de Sardes, d'aller un jour faire là de sçavantes recherches sans crainte d'être empâlés; crainte que ne peut surmonter l'amour de l'antiquité, quelque vif qu'on le suppose. Il ajoutoit encore que cet Empire, par la singularité des usages, des habits & des rits Religieux, ressembloit à un bal masqué, & qu'en tout ces gens-là étoient barbares & excessivement ridicules. On se doute bien que l'autre politique ne manquoit pas de riposter que ces raisons-là ne lui paroissoient pas suffisantes pour mettre en feu la moitié de l'Asie, & faire égorger deux cents mille hommes de part & d'autre ; qu'une Nation entiere n'avoit de compte à rendre à personne sur sa maniere de s'habiller & de faire la révérence, qu'elle étoit bien maîtresse de se débarbouiller autant de fois par jour que bon lui sembloit, & de ne pas aller au College si cela l'ennuyoit, pourvu qu'elle laissât ses voisins en paix ; enfin, que c'étoit un fort vilain systême d'éducation que celui d'aller tuer les gens pour les civiliser & leur donner de bonnes manieres. La conversation s'échauffoit quand elle fut interrompue par la question brusque d'un homme grave, à qui trente ans de résidence très-assidue dans ce lieu donnoient le droit de briser impunément, & sans réclamation, toute dissertation établie : Sçavez-vous la nouvelle, Messieurs, dit-il, & d'une voix terrible qui imposa silence à tout le monde ? On vient de m'assurer que ce n'est, ni chez les Perses, ni chez les Indiens, que voyage le Roi Melès, mais dans ses propres Etats, en Lydie, & ce qui confirme la vérité de la nouvelle, c'est que la plupart de Nosseigneurs les *Episcopoi*, & les Satrapes ou Intendants, retournent en foule de la Capitale dans leurs divers Départements spirituels & temporels ; car vous croyez bien qu'il ſeroit fâcheux que le Roi qui voyage *incognito* ne trouvât perſonne à ſa place. Il eſt aiſé de concevoir que le Monarque & Ismin furent ceux de l'aſſemblée ſur leſquels la nouvelle fit la plus forte impreſſion. Ils commençoient à peine à ſe remettre du trouble qu'elle leur avoit cauſée, quand le nouvelliſte attira ſur eux les regards de l'aſſemblée par cette exclamation : voici deux Meſſieurs qui ſont Perſes, dit-il en montrant les deux Voyageurs, ils peuvent nous dire ce qu'il en eſt ! Il y a déjà quelque temps, répond Ismin, que nous ſommes ſortis de notre Patrie, & nous ignorons.... Rien, Meſſieurs, n'eſt plus certain que ma nouvelle, continue l'homme qui délivra Ismin de l'embarras d'achever ſa pénible phraſe... Veuille le Ciel qu'elle ſoit vraie, reprend un perſonnage qui juſques-là avoit gardé le ſilence le plus abſolu, mais qui, comme on le verra, épioit le moment où il pourroit amplement s'en dédommager ; un Prince qui prend ce moyen de chercher la vérité, mérite de la trouver, & ne peut manquer de la rencontrer. Car, quelle peut-être l'inſtruction d'un Souverain, qui n'eſt jamais entouré que d'hommes qui ont tous le même maſque, & à-peu-près les mêmes idées ? Comment, & à quels ſignes, pourra-t-il reconnoître ceux qu'il doit honorer de sa confiance ? On ne lui laisse communément que le vain appareil de la Royauté, il est réellement l'agent & l'esclave des volontés de tout ce qui l'entoure. Souvent quand il croit agir librement, il ne fait qu'exécuter un plan depuis long-temps préparé par l'intrigue. Tel est un enfant que l'on amene doucement, & sans le contrarier, au point de faire tout ce qu'on exige de lui, quand il pense ne faire alors que ce qu'il veut. S'il a des passions, on les flatte pour l'asservir, on ne lui offre jamais que des tableaux riants de l'Etat de sa Nation, on ne l'entretient que de sa puissance & du bonheur de ses Peuples. Croyez-vous qu'il puisse se trouver jamais là un homme assez vrai & assez courageux pour oser lui dire : Seigneur, votre Peuple gémit sous le poids des charges dont il est accablé, il n'a plus de libre que l'air qu'il respire ; les mandataires de votre puissance sont contraints d'en céder l'exercice à des milliers de subalternes qui ne ne font retentir, de toutes parts, le nom sacré de Votre Majesté que pour sceller les plus odieuses vexations. Vos sujets osent à peine se plaindre, ils élevent leurs yeux vers le ciel en se disant, non le Roi ne l'a pas, ou ne l'eût jamais ainsi ordonné, s'il eût pu nous voir & nous entendre : la terre ſe dévaſte, chaque jour, par un régime déſaſtreux qui exige les plus prompts remedes, pluſieurs parmi les grands pervertiſſent la Nation par l'exemple de leurs folies & de leurs déprédations ; il eſt tel homme d'entr'eux dont l'honnête bourgeois rejetteroit avec mépris la ſociété ; il eſt tel autre qui vit ignoré loin des regards de Votre Majeſté, & que la Nation entiere appelle à l'honneur de l'aider de ſes conſeils : on vous trompe, Seigneur, ſous un faux aſpect de bonheur & de puiſſance ; plaiſe au ciel que ce deſir ſi vrai de voir vos Peuples heureux, ne ſoit pas un jour remplacé dans votre cœur par ce ſentiment pénible qui vous feroit renoncer à l'eſpoir d'en trouver jamais les moyens ! Gardez-vous également de vous livrer, & à une confiance aveugle, & à cette dangereuſe défiance qui, par un excès contraire, ne croit plus au vrai mérite ni à la vertu. Il eſt toujours, & dans les ſiecles les plus dépravés, des hommes inſtruits & vertueux que la Providence fait naître pour le conſeil des Rois & le bonheur des Peuples : l'étude d'un Souverain eſt d'apprendre à les connoître.

Eh bien, Meſſieurs, continua l'orateur après une légere pauſe, s'il ſe trouvoit un homme capable de parler ainsi à un Souverain, & si le Souverain avoit la sagesse de l'écouter & de le prendre lui-même pour Conseil, voici ce qui arriveroit : tout le monde applaudiroit, en apparence, au choix du Maître, mais sourdement on employeroit tous les moyens possibles de l'éconduire, & tôt ou tard on réussiroit. Car tout en disant, par exemple, qu'il n'est rien de mieux vu que ses plans d'administration, on ne manqueroit pas de lui susciter, de toutes parts, des difficultés & des tracasseries, de l'embarrasser par des formes qui sont toujours importantes dans un pays où il n'y a pas de fonds, de faire rapporter, sans cesse, que le Peuple murmure, quoique le Peuple ne fît que benir l'Administrateur ; que la théorie des nouveaux principes est belle, mais que la pratique en est impossible : & comme l'effet du bien n'est jamais aussi promptement rempli que celui du désordre, on finiroit aisément par inspirer au Souverain des soupçons, des inquiétudes, des terreurs, qui feroient bientôt congédier l'homme de bien. Les aimables & les plaisants acheveroient l'œuvre par leurs sarcasmes, & tous se féliciteroient d'avoir, par ce petit essai, à jamais éloigné du Prince l'honnête Ministre, & tout homme qui pourroit lui ressembler.

L'Auditoire applaudit aux réflexions du dissertateur, on convint unanimement que le bien étoit très-difficile même à proposer au milieu de tant de petites Puissances intermédiaires qu'il falloit combattre, & qui toutes avoient leur intérêt dans le désordre. On ajouta que pour connoître une Nation, & son territoire, il falloit voir l'une & l'autre, que la Cour n'étoit pas l'Empire, & que les Courtisans n'étoient pas la Nation : un des Politiques avança qu'après ce moyen (de voyager sans être connu) qui souvent n'étoit pas pratiquable, il n'en voyoit pas d'autres, pour un Souverain ami de la vertu, que de lire beaucoup, en supposant que l'on n'exercât pas sur ses livres le despotisme que l'on exerçoit sur ses opinions Il faudroit alors, disoit-il, permettre d'écrire librement, sur-tout en respectant les Loix & les personnes. Il n'y eut, dans toute l'assemblée, qu'un homme qui secoua la tête à cette derniere proposition, & qui se manifesta bientôt pour un Censeur Royal ; titre qu'il soutint dignement en assurant qu'il se garderoit bien de donner son approbation à un Livre où seroit ce qu'il venoit d'entendre. — Eh ! qu'importeroit votre approbation, Monsieur, lui dit un jeune homme qu'on reconnut à son accent pour un naturel du midi de la Lydie ? on n'en liroit pas moins ce que vous n'approuveriez pas, par la raiſon qu'on n'en lit pas davantage ce que vous approuvez. Le Cenſeur Royal, qui n'étoit pas fort en réparties, ſe tut en faiſant intérieurement une légere obſervation ſur la phraſe, dont la conſtruction ne lui paroiſſoit pas très-Lydienne, & en ſe promettant bien de raturer largement le premier ouvrage raiſonnable qui tomberoit ſous ſon impitoyable ſtylet.

Le Prince & Iſmin ſortirent du Café, en riant de l'embarras du Cenſeur Royal : le Monarque fut parfaitement content de la ſéance, & aſſura ſon confident qu'il venoit d'entendre là beaucoup d'obſervations dont il feroit bon profit.

CHAPITRE XXVIII.

Hôtel Royal des Invalides de Sardes. Un mot ſur l'École Royale de la jeune Nobleſſe.

QUoique je ne voie rien de bien neuf dans tout ce que ces Meſſieurs ont dit, reprit Iſmin, j'avouerai qu'ils étoient bons & aſſez plaiſants à entendre, & qu'il eſt toujours avantageux pour Votre Majeſté de s'aſſurer que les opinions qu'elle prendroit de l'Etat des choſes, dans ſon Palais, ſont très-différentes de celles qu'il convient d'en avoir. Je ſuis plus porté que jamais à croire, répart le Prince, qu'il en doit être de la liberté d'écrire, comme de la liberté du commerce. La libre concurrence doit avoir dans le premier cas la vérité pour réſultat, comme dans le ſecond elle enfante le bon prix. L'ignorance & l'erreur, le monopole & la friponnerie me ſemblent au contraire devoir être néceſſairement l'effet de toute prohibition, pour toute eſpece de commerce.... Iſmin applaudiſſoit à l'obſervation du Monarque, & ſe préparoit à y joindre quelques réflexions, quand ils s'apperçurent qu'ils n'étoient qu'à une très-petite diſtance de l'Hôtel Royal (cette expreſſion paroiſſoit plus honnête que celle d'Hôpital) des ſoldats invalides. Voyons cette Maiſon, dit le Prince, je n'y ſuis jamais venu que pour la forme; cet établiſſement vaut bien la peine d'être examiné de près. L'édifice offroit au premier coup d'œil l'aſpect d'un ſuperbe Palais; mais il renfermoit dans l'intérieur des détails de miſere qui révoltoient tous les ſens, & auxquels il étoit impoſſible de remédier, quels que fuſſent les ſoins des Adminiſtrateurs. Il me ſemble, dit le

Roi, que si les sommes immenses qu'a dû coûter la construction de cette vaste Maison, que coûtent encore & son entretien & les frais de son administration, eussent été employées en secours réels, donnés à ces bons & anciens serviteurs, on auroit pu accorder un tiers de plus de retraites.... Je le crois, reprend Ismin, ces gens-là se retireroient dans les Provinces où ils seroient soignés par leurs parents ou leurs amis, ils acheveroient leurs jours d'une maniere plus saine & moins triste. On auroit dû au moins fonder cet établissement dans l'intérieur d'une Province, il est évident qu'on auroit pu en tirer le double avantage, & de faire vivre un plus grand nombre d'hommes, & de donner la valeur aux productions du pays.... La vanité & l'ostentation se paient fort cher, quoiqu'elles rapportent infiniment peu.... Ah! Messieurs, pardon, dit à nos voyageurs un vieux soldat qui les suivoit sans qu'ils s'en apperçussent; mais j'avois tant de plaisir à vous entendre si bien raisonner, que je n'ai pu m'empêcher d'écouter avec bien de l'attention. Ce que Monsieur vient de dire-là, continue-t-il, en regardant Ismin, est bien juste.... Oui, si l'on pouvoit nous envoyer dans nos Provinces, nous y rendrions encore quelques services, ne fût-ce que celui d'inspirer à la jeuneſſe les vertus & tous les ſentiments dignes de la profeſſion des armes ; c'eſt mal fait d'avoir l'air de jetter la vieilleſſe au rebut, & de ne la croire bonne à rien, car elle eſt bonne au moins à dire ce qu'elle a rencontré ſur ſon chemin, & à montrer le but à ceux qui la ſuivent. Ici, à quoi ſervons-nous ? à donner le plus triſte de tous les ſpectacles, celui de la collection de toutes les infirmités humaines .... Quand on a bien admiré notre dôme & nos marmites, on ſe ſauve dans la crainte d'être ſuffoqué, & l'on détourne avec une ſorte d'horreur les regards de tous les objets hideux que l'on rencontre à chaque pas .... L'état d'un vieillard, d'un infirme exige, comme celui d'un enfant, des petits ſoins, des attentions particulieres, qu'une adminiſtration publique ne ſçauroit faire entrer dans ſon régime, quelque bienfaiſante qu'elle ſoit ; car nous rendons à celle-ci la juſtice qui lui eſt due, il eſt impoſſible de lui demander plus de ſoins & plus d'égards ; mais je le repete, ce qu'elle ne peut donner, ne ſe trouve que dans l'intérieur d'une famille.... Il n'eſt point d'homme ſi pauvre, ni ſi abandonné, qui ne ſe ſoit menagé dans le cours de ſa vie, ſinon des parents, au moins quelques amis, & quelque peu fortuné qu'il ſoit, il préférera toujours des ſecours particuliers quoique foibles, à des ſecours d'Hôpital, plus abondants. Car c'eſt l'intérêt & l'amitié qui ſoignent & qui ſçavent calmer la plainte, quelles que ſoient la vertu & l'exactitude de l'étranger, ſa main n'eſt jamais ſi douce pour l'infirme que celle de l'ami.... Ajoutez à tout cela, Meſſieurs, que chacun ici a bien autant à ſouffrir des infirmités de ſon voiſin que des ſiennes, & c'eſt inévitable. Ceux de nous à qui il reſte encore aſſez de force pour ſortir de ſes ſalles infectes, ſe traînent dans les cabarets voiſins où ils vont achever de perdre le peu de ſanté qu'ils pourroient conſerver, & déshonorer la vieilleſſe. Cela eſt encore ſans remede Il eſt preſque impoſſible de ſurveiller tous ceux qu'on laiſſe ſortir pour prendre l'air, & c'eſt un heureux haſard, quand, pour la plupart, ils ne reviennent pas plus eſtropiés qu'ils n'étoient en partant. Un vieux ſoldat dans ſon village craindroit de perdre dans l'ivreſſe la conſidération attachée à ſes ſervices, & dont il jouiroit néceſſairement, car ce que la vieilleſſe craint le plus, c'eſt le mépris de la jeuneſſe. Ici tout ſe perd, tout ſe confond dans la foule, & vous pouvez juger, Meſſieurs, tout ce qui doit arriver de-là.

Le Souverain après s'être bien promis de ne pas oublier le bon vétéran, dont il prit le nom, aſſe en un autre établiſſement voiſin, deſtiné à éducation de la pauvre Nobleſſe ; il s'agiſſoit ncore-là d'un Palais & d'une adminiſtration : étoit tout ſimple de faire ſur celui-là les réfle-ions que la vue de l'Hôtel Royal avoit fait naître, de conclure qu'il eût été plus avantageux pour noblesſe Lydienne, de la faire élever dans des Iaiſons déjà bâties & adminiſtrées. Iſmin obſerva plus que c'étoit la nation entiere qui ſoutenoit ette pauvre Nobleſſe, & qui payoit tous les frais ſon éducation, quoiqu'à la vérité elle parût ne ayer qu'en jouant & en ſe divertiſſant infi-ment.

CHAPITRE XXIX.

Tranſition de l'Auteur. Dernieres obſer-vations du Roi.

CI j'ai paſſé quelques Chapitres qui renfer-oient pluſieurs allégories dont l'application uroit pu devenir offenſante ; je viens à celui le Prince après avoir viſité d'autres établiſſe-ents publics & les hôpitaux, & fait ſur tout s plus ſages obſervations, voulut, pour ſe délaſſer, oir quelques uns des petits ſpectacles qui s'étoient ſi prodigieuſement multipliés depuis un petit nombre d'années.

L'Auteur de ce Livre aſſure qu'il fut auſſi choqué des ſaletés qu'il entendit, qu'ennuyé des plates bouffonneries de ces inſipides farces, qu'il jugea également propres à pervertir & le goût & les mœurs. L'autorité y étoit continuellement tournée en dériſion dans ſes mandataires les plus bas, il eſt vrai, mais les plus importants peut-être en ce que ce ſont ceux-là auxquels le peuple a conſtamment affaire. Tantôt il s'agiſſoit d'un dénouement dans lequel cinq ou ſix poliſſons paroiſſoient ſous l'uniforme d'une garde qui n'arrivoit que pour être battue; tantôt c'étoit un ſot perſonnage, qui, ſous la robe d'un Commiſſaire Lydien, révéloit ſes friponneries, ſans qu'il en réſultât d'autre effet que celui d'inſpirer inutilement le plus grand mépris pour les fonctions du Commiſſaire Lydien que cette ennuyeuſe ſatyre ne corrigeoit pas.

Dans les intervalles de ces raviſſantes répréſentations, le Roi promene ſes regards ſur l'aſſemblée : elle étoit remplie de filles publiques qui venoient y chercher fortune de la maniere la moins équivoque, & une foule de jeunes gens de tous les ordres qui, ſous les yeux même de l'Adminiſtration, y préparoient la ruine & la honte de leurs familles. Comment de tels abus qui blessent les regards des moins clairvoyants, se souffrent-ils aussi publiquement, dit plusieurs fois Isinin ? Croyez-vous, Monsieur, reprit un voisin ennuyé probablement de ses exclamations, qu'excepté quelques malheureux qui rient là haut des platitudes que vous venez d'entendre, on viendroit si constamment à ces spectacles; si l'on en retranchoit ce qui vous scandalise ? autant vaudroit-il les détruire tout-à-fait; & vous devez bien penser que c'est-là précisement ce qu'on ne fera pas.... Quoiqu'au premier aspect, ils paroissent avoir plus d'un inconvénient, cependant avec un peu de réflexion, on voit qu'ils peuvent être très-utiles; car ils contribuent à soudoyer la police, & procurent des fonds pour les pauvres & les plus charitables établissements. Oui; mais, reprit le Souverain, s'ils multiplient les pauvres, les fripons & beaucoup d'autres malfaisants, je vois qu'ils sont encore loin de rembourser ce qu'ils coûtent: cela pourroit bien être, répondit l'amateur, un peu étonné de l'observation: en effet il est assez étrange d'assurer les fonds de charité sur des moyens qui ruinent, & d'entretenir des désordres pour avoir de quoi soudoyer l'ordre. C'est multiplier des serpents pour les écraser sur les blessures qu'ils font, ajouta le Roi, qui ſortit à ces mots, en laiſſant le Sardien tout étourdi de la comparaiſon.

CHAPITRE XXX.

Le Roi reprend la route des frontieres de Perſe, & rentre pompeuſement dans ſes Etats. Tableau de ſon Regne.

LE Prince s'apperçut enfin que le ſecret qui ſeul pouvoit rendre ſes voyages utiles, étoit, au premier moment, tout près de lui échapper. Il ſortit de ſa Capitale dans la crainte de s'expoſer plus long-temps à être reconnu, & reprit avec Iſmin la route des frontieres de la Perſe, d'où il fit annoncer ſon retour. Il en avoit aſſez vu pour être quelquefois d'un avis oppoſé à celui de ſon Conſeil. L'hiſtoire ajoute que l'Auguſte Monarque ne tarda pas à profiter de ſes voyages, & que dans un très-petit nombre d'années, l'Empire prit une face nouvelle ſous le regne de la liberté & de la paix. Nous ignorons les moyens qu'il employa pour opérer cette heureuſe révolution ; mais nous ſommes occupés de la recherche d'un ouvrage de ce même Auteur, qui doit renfermer les détails de l'adminiſtration de ce beau regne.

regne. Si nous ſommes aſſez heureux pour le découvrir, nous nous empreſſerons de le traduire & de le publier, ſi le ſuccès de celui-ci le fait deſirer. Tout ce que nous ſçavons pour le moment ſe réduit au tableau que voici.

On voyoit la terre ſe charger d'abondantes moiſſons, dont on ſe gardoit bien de détruire la valeur ſous les abſurdes & anciens prétextes de craintes de diſette : le cultivateur pouvoit diſpoſer à ſon gré des fruits de ſes travaux & de l'ordre de ſa culture; le Réglement arbitraire ne venoit plus s'interpoſer entre lui & la terre : l'induſtrie hors des ceps dans leſquels elle avoit ſi longtemps gémi, & ſoudoyée par de riches ſalaires, ne demandoit plus que l'adminiſtration diminuât la valeur des productions qu'enfantoit les revenus, jouiſſoit dans tous les ports de l'Empire des avantages accordés au Négociant National; on ne connoiſſoit plus ces ridicules & nuiſibles diſtinctions de Regnicole & d'étranger, lorſqu'il s'agiſſoit de vendre & d'acheter. L'impôt pris dans ſa juſte proportion avec le revenu net de la Nation, & ſelon l'ordre de la nature qui le détermine, n'anéantiſſoit plus par ſa forme déſaſtreuſe les ſources de ce même revenu dont il etoit une partie. Les barrieres étoient briſées, & le commis avoit embraſſé une profeſſion utile. L'Adminiſtration n'étoit occupée que du ſoin de tenir tous les chemins ouverts & faciles; on ne voyoit arrêter que ceux qui faisoient embarras; elle veilloit avec un soin égal sur l'instruction; tout citoyen apprenoit dès l'enfance la plus tendre l'ordre de ses droits & de ses devoirs, ordre sacré qui lioit & confondoit dans un seul intérêt les intérêts du Souverain & de la Nation. Le Monarque n'étoit plus entouré que de ses Ministres & d'un petit nombre d'hommes éprouvés, qu'une confiance éclairée avoit appellés près du Trône : on ne fit pas de loix pour obliger les oisifs & les intriguants d'aller habiter leurs terres; mais le froid mépris avec lequel le Prince dédaignoit d'abaisser ses regards sur eux, leur apprit bientôt qu'ils se morfondoient inutilement dans les vastes galeries du Palais, & que c'étoit dans leurs vrais revenus seuls qu'ils pouvoient attendre quelques faveurs. Comme la terre n'entend pas de faux compte, qu'elle ne peut jamais être surprise, & qu'elle ne rend qu'en raison de la mise; ils s'apperçurent bientôt qu'il falloit la traiter avec infiniment d'égards, & renoncer aux folles dépenses. Bientôt ils abandonnerent la Cour & la Capitale, d'où l'on vit sortir en même-temps tout ce qui étoit soldé par le luxe & les vices qui l'accompagnent; l'argent rappellé à son véritable emploi ne laissa plus d'espérances de fortune au hasard, & ne fonda plus d'inutiles, & souvent dangereux rentiers; tous reprirent la route des champs, où chacun ne reçoit sa part qu'en raison de ses avances & de son travail : les Villes se réduisirent naturellement à la juste proportion qu'elles devoient avoir avec leurs territoires, l'ordre dans leurs dépenses fut bientôt accompagné de la douce morale qui n'eut plus à parler à des cœurs pervertis par l'habitude des vices, ni à des imaginations égarées par tous les délires de la cupidité ; les liens des familles se resserrerent de plus en plus, l'attachement à ses foyers, le respect filial, toutes les vertus domestiques, & à la suite de celles-ci les vertus sociales commencerent de renaître.... Le revenu du Souverain s'accrut rapidement avec le revenu de la Nation, au point de fournir d'abondants moyens de réparer les désastres des siecles précédents. La représentation du Monarque étoit grande & majestueuse ; de nombreuses armées bien entretenues, & composées de citoyens attachés à cette heureuse patrie, assuroient sa Puissance.... La Nation entiere applaudissoit avec reconnoissance aux dépenses publiques qui alloient ouvrir des chemins, des canaux, & fertiliser des Provinces entieres autrefois abandonnées. Que ces temps étoient différents de ceux où les ouvrages publics les plus utiles étoient interrompus faute de secours, où l'on étoit sans cesse obligé de contracter de nouveaux engagements pour satisfaire aux anciens! Temps malheureux où le Prince le plus sincérement ami de l'ordre & de la justice, le plus digne par ſes hautes vertus de repréſenter les divins attributs de l'Eternel, ſembloit réduit à ne pouvoir que former d'inutiles vœux pour le bonheur des Peuples dont il étoit adoré!

La paix au dehors étoit conſtamment aſſurée par la ſage Adminiſtration de l'intérieur, il n'exiſtoit plus même de prétextes qui puſſent donner lieu à ces guerres auſſi funeſtes qu'abſurdes, qui n'avoient pour cauſes que des rivalités de trafic, de petits intérêts de cupidité toujours punies par de propres pertes. Ce Prince auſſi juſte qu'inſtruit, avoit appris à ne plus fonder l'opulence de ſa Nation que ſur la fertilité de ſon territoire; la liberté & l'abondance appelloient ſur ſes frontieres les Peuples les plus reculés, déſabuſés pour la plupart de leurs funeſtes préjugés d'excluſion & de rivalité, ils ſe hâterent d'imiter ce grand exemple, & comprirent enfin que l'humanité entiere ne peut avoir qu'un intérêt commun de puiſſance & de proſpérité. On croit que les Egyptiens, les Perſes & les autres Nations qui ont mérité la plus haute réputation de ſageſſe dans l'antiquité, ſont reſtées long-temps fideles à ces principes, & n'ont ceſſé d'exiſter que dès l'inſtant où elles ont commencé de les méconnoître.

Tel fut le beau regne du ſage Roi Melès. Sa Nation a fini ſous celui de l'inſenſé Créſus.

FIN.

NOTES.

(a) LA Lydie étoit une vaste & superbe région qui comprenoit autrefois toute cette partie occidentale de l'Asie connue sous le nom d'Asie mineure, & depuis divisée en cette prodigieuse quantité de petits Etats dont les noms même pour la plupart sont tombés dans l'oubli. Les différents Royaumes étoient donc du temps du Roi Melès, autant de Provinces du même Empire. Le Gouvernement étoit celui qui convient à un état agricole, & qui ne peut être que le Gouvernement Monarchique légal. Notre Auteur ne dit pas le temps dans lequel il place le regne de Melès, il faut croire que ce grand Prince vécut plusieurs siecles avant Crésus ; au moins cela est-il ce qu'il faut supposer.

Sardes étoit célebre par la beauté & la richesse de son territoire. Les côteaux du Tmolus étoient couverts de vignobles excellents & très-renommés ; les moissons les plus abondantes en bled, en grains de toute espece couvroient la plaine qui s'étendoit depuis le pied de la montagne jusqu'au fleuve Hermus, dont les eaux tranquilles arrosoient les gras pâturages qui embellissoient ses rives. Ce fleuve ne le cédoit pas en avantages au brillant Pactole si fameux par l'or qu'il rouloit dans son cours.

On remarque que cette éducation qu'avoit reçue le Roi Melès est à peu près celle que l'on a toujours donnée aux Rois. Il faut espérer qu'enfin leurs instituteurs changeront de maniere, & leur enseigneront un jour le contraire de ce qu'on leur a toujours dit... Ces nouveaux principes se réduisent à si peu de chose, & sont si faciles à retenir: par exemple, on pourroit leur dire dès l'enfance la plus tendre qu'un Roi ne doit jamais mettre sa volonté à la place de la loi, & qu'il trouvera des difficultés à tout, quand il voudra tout ordonner & tout défendre; ces deux principes bien entendus, le Souverain comprendra aisément que l'administrationn'a plus rien a faire que d'ouvrir les chemins, & d'en écarter les malfaisants, sous quelque forme qu'ils se présentent.

J'oubliois de prévenir qu'il est beaucoup d'observations que j'ai été obligé de rejetter dans les notes pour ne pas interrompre le fil de la narration. Il en est d'autres encore qu'on desireroit peut-être, mais qui peuvent aisément se supposer, & que le Lecteur voudra bien faire lui-même. Il ne manquera sûrement pas d'imaginer sans que je le dise, que le Roi Melès avant que d'entreprendre ses voyages, avoit pourvu à l'administration de ses Etats; j'ajouterai qu'il se trouvera quelques endroits dans le texte dont je prie tout Lecteur bénévole de ne juger le sens qu'après avoir lu la note qui lui sera relative.

(*b*) Ce n'a pas été en Lydie seulement que l'ignorance & la mauvaise foi ont semblé se plaire à toujours confondre la liberté avec la licence. J'ai souvent entendu de graves raisonneurs que l'on devoit croire plus instruits, opposer sérieusement les dangers de la licence à tout ce qu'on pouvoit dire en faveur de la liberté, & assurer que tout seroit confondu & bouleversé, si chacun étoit libre de disposer à son gré de ses facultés & de ses biens. Cet absurde blasphême contre le droit le plus sacré de la nature a été imprimé plus d'une fois; on l'a répété dans les fallons, & les Dames frémiffoient à ce feul nom de liberté, car elles ne s'attendoient à rien moins qu'à voir tout ravager par le fer & par le feu; & cette idée que les Dames ont bien voulu prendre de la liberté, eft celle que l'on s'efforce d'en donner aux Rois : jamais cependant ils ne feront vraiment grands & puiffants, qu'alors qu'ils auront à gouverner des hommes dignement libres.

La liberté eft l'ufage & l'emploi de tous fes moyens fans léfion d'autrui, fous l'œil d'une adminiftration éclairée qui inftruit & avertit. La licence eft l'abus de tous fes moyens, néceffités fouvent même par la force qui veut tout contraindre; jamais la licence ne tentera l'homme vraiment libre, mais gardez-vous de l'efclave s'il trouve un moyen de brifer fes fers.

Ce feroit bien ici l'occafion de dire un mot particuliérement de la liberté d'écrire pour & contre laquelle on a jufqu'à préfent tant difcuté... Il paroît en général que l'on difpute moins fur le droit d'arrêter un Ouvrage, que fur la forme dont on ufe en pareil cas. Quand un mauvais Livre & fon Auteur ne s'arrêtent pas d'eux-mêmes, l'autorité fans doute doit paroître & infamer tout ce qui tend à troubler le repos public & particulier : mais pourquoi ne fe revêt-elle pas du caractere facré & impofant de la Loi ? Quelque jufte que foit un jugement arbitraire, il révoltera toujours par cela feul. L'homme en place qui fe le permet, peut être accufé de venger moins un attentat contre l'ordre public qu'une petite injure particuliere, & l'on dit alors avec une forte de raifon qu'il n'eft pas jufte de traiter au nom de l'Etat & comme affaire d'Etat une affaire perfonnelle.

Quelle douleur pour des Ecrivains dont l'intention véritable est de se rendre utiles, & qui par cela seul méritent quelques égards, de se voir continuellement exposés à être compromis par les mêmes défenses avec des malheureux qui n'ont rien de sacré, qui se permettent les plus odieux excès, qui attentent par d'infâmes libelles aux plus respectables réputations, qui, semblables à de lâches assassins, ne frappent leurs coups que dans les ténébres, hommes aussi dangereux que méprisables, indignes également du nom d'Auteurs & de citoyens, & que les plus licencieuses sociétés rejetteroient avec horreur de leur sein.

Quand nous parlons de la liberé d'écrire, que l'on veuille donc bien entendre que nous demandons la liberté de communiquer avec nos concitoyens, sous la sauve garde du plus réligieux respect pour les loix & & l'autorité, & non cette odieuse liberté, ou pour mieux dire cette licence effrenée que nous observons, & à la juste punition de laquelle nous nous empresserions d'applaudir

(*c*) Il est bien étonnant que dans un siecle de philosophie tel que celui du Roi Melès, on n'ait pas imaginé d'autres moyens de détruire la mendicité, il n'est pas moins étonnant que dans notre siecle, qui assurément ne le cede à aucun autre en lumieres, en générosité & en bienfaisance, les Administrateurs de presque tous les Etats modernes n'aient encore rien imaginé de mieux que les Administrateurs Lydiens : on pourroit cependant citer une de ces maisons de force où à cela près de la captivité, qui souvent est très-justement méritée, les mendiants sont traités comme des hommes, nourris ſainement, vêtus & ſoignés. On devroit bien au moins, en attendant mieux, former ſur ce modele les établiſſements de ce genre. Le digne Adminiſtrateur à qui l'on doit ce monument de bienfaiſance éclairée, eſt aſſez déſigné ſans que je le nomme, par les regrets d'une Province entiere au milieu de la joie qu'elle reſſent de le voir appellé par la confiance du Souverain & les ſuffrages publics ſur un théâtre plus élevé.

(*d*) Cette Loi meurtriere qui condamne à la mort l'homme coupable du vol ſeul, eſt en vigueur dans preſque tous les Gouvernements : il ne paroît pas que l'on s'occupe des moyens de lui ſubſtituer une Loi moins cruelle & plus juſte. S'il étoit dangereux de la détruire ſubitement, ne ſeroit-il pas poſſible au moins de la laiſſer tomber en déſuétude. & d'accoutumer ainſi le peuple à ne plus la regarder que comme la peine des plus grands crimes ; il en réſulteroit, ce me ſemble, beaucoup plus d'avantages.

1°. Cela ſeroit plus juſte & cette ſeule raiſon devroit ſuffire à qui ſçait que le juſte finit toujours par être ce qu'il y a de mieux à faire.

2°. La peine de mort étant plus rare, feroit infiniment plus d'impreſſion, & inſpireroit plus d'horreur pour les crimes dont elle ſeroit la punition ; l'horreur pour des crimes influeroit ſur les fautes moindres, & contribueroit probablement à les rendre elles-mêmes moins communes.

Une Loi cruelle & ſans proportion avec le délit qu'elle punit, a un effet inexplicable de réaction ſur le peuple qui le rend féroce. Les Pays où ſubſiſtent de telles loix, ont fréquemment à punir des crimes qui font frémir l'humanité & dont on ne voit pas d'exemples ailleurs. Je me rappelle, & jamais sans indignation, d'avoir entendu souvent citer comme raison suffisante de de la peine de mort prononcée contre le vol, la difficulté de garder les voleurs & de les employer ; on ne peut répondre à cette féroce absurdité que par une loi qui punisse les blasphêmes contre la raison, la justice & l'humanité.

Il faut avouer que nos loix criminelles ne sont gueres moins vicieuses encore dans leurs explications ambiguës, & dans les formes qu'elles prescrivent par l'instruction des procès : pourquoi jetter l'homme non condamné, mais simplement accusé dans un cachot infect où il est abandonné aux plus effrayantes réflexions, supposé même qu'il soit innocent ? Pourquoi l'interroger d'une maniere captieuse ? Pourquoi lui tendre des pieges, essayer de le mettre en contradiction avec lui-même, appuyer sur des détails minutieux des circonstances que l'esprit le plus libre auroit peine à concilier, exiger qu'il s'en souvienne & lui laisser comme à dessein le temps de les oublier, l'embarrasser sans cesse par des suppositions étrangeres au fait pour détourner son attention de l'objet principal de sa défense ? Cette conduite peut-elle jamais se justifier par la crainte de donner au crime les moyens de s'échapper en négligeant tous ceux qui paroissent propres à les surprendre ? Pourquoi séparer un accusé de tous ceux qui pourroient le secourir, lui enlever jusqu'aux plus foibles ressources de conseil & d'appui, enfin pourquoi toute cette procédure ne se fait-elle pas publiquement ? Voilà autant de questions auxquelles ce que l'on appelle en France un bon Criminaliste auroit peine à répondre lui-même en face de la raiſon & de la juſtice.

De toutes les raiſons que l'on peut donner pour motiver en apparence le refus d'un conſeil à l'accuſé, & la myſtérieuſe obſcurité de la procédure, la plus forte, ce me ſemble, eſt la crainte de donner avis aux complices du crime, s'il en eſt, du danger qui les menace : mais l'inconvénient de voir s'échapper un coupable, peut-il jamais balancer celui d'expoſer l'innocent au danger de ſuccomber ? C'eſt toujours le crime que ſuppoſent ces Loix cruelles.

Il faut convenir qu'un objet auſſi important que la réforme d'une telle Légiſlation mérite au moins la peine d'être ſérieuſement & promptement exécuté : nous ſommes ſi bienfaiſants, ſi généreux, ne ſeroit-ce pas auſſi le temps de nous montrer un peu plus juſtes ?

(e) Le Payſan Lydien avoit raiſon, c'eſt la Souveraineté ſeule qui doit ſe charger ſur ſon revenu de la conſtruction & de l'entretien des chemins. On voit dans quelques Etats voiſins établir des commis & des barrieres ſur les routes pour en faire payer l'entretien aux paſſants, & beaucoup de gens trouvent cet arrangement auſſi commode que juſte. Il ceſſera de paroître tel quand on voudra bien remarquer que cette dépenſe eſt une des charges de l'impôt que le Souverain doit regarder comme dépenſe qu'il eſt de ſon plus grand intérêt d'acquitter. La facilité, la commodité, la ſûreté des communications, accélerent la conſommation, la reproduction, qui augmentent le revenu national avec lequel s'accroît ainſi le revenu du Prince, voilà ce qu'il ne faut jamais perdre de vue. Quelque modique que ſoit un droit de cette nature, pris ſur les paſſants, indépendamment de ce qu'il eſt injuſte de l'exiger, puiſque dans une Monarchie bien ordonnée, il feroit cenſé acquitté par l'impôt; il a toujours les inconvénients des Commis & des barrieres dont les frais ſont en pure perte, & retombent ſur la Nation. C'eſt, dit-on, le voiturier qui uſe le chemin, qui paie; mais ne voudra-t-on jamais voir que c'eſt toujours le propriétaire qui finit par payer ? Le voiturier enchérit la voiture de ce qu'il eſt obligé de payer aux barrieres : le Négociant aſſurément, quelque honnête qu'on le ſuppoſe, ne fera pas préſent de ces frais à celui qui conſomme, à un denier près. Il en ſera donc de cet impôt comme de tous les impôts indiſcrets dont chacun rejette la charge ſur celui qui l'emploie, juſqu'à ce qu'il retombe ſur la terre qu'il dévaſte après avoir ſémé tous les lieux de ſon paſſage, des embarras & des déſordres accoutumés.

On obſervera toujours que nous raiſonnons dans l'hypothèſe d'une Monarchie & conſéquemment d'un Etat agricole.

(*f*) Je ſerois aſſez de l'avis du Soldat Lydien : je crois qu'une armée compoſée & traitée ſelon ſes principes ſeroit rarement battue par une plus nombreuſe armée de Héros mal payés, que l'on conduiroit patriotiquement à la gloire avec des coups de bâton. La diſcipline la plus exacte, la plus ſévere eſt le premier lien & la vraie force des armées ſans doute; mais ces moyens doivent toujours être pris dans la nature, & même j'oſe le dire, les préjugés des hommes que l'on conduit, dans l'opinion qu'ils doivent avoir d'eux-mêmes, & du métier qu'ils font. Il eſt important de diſtinguer dans une punition l'idée d'infamie bien ou mal raisonnée qu'elle comporte avec elle, du mal qui fait réellement la punition; & voilà ce qu'on a tort de confondre.

Les coups de bâton ou de tel autre instrument, peuvent très-bien convenir à une Nation qui craint le mal que fait le coup & rien de plus, mais cette punition pour des fautes légeres est trop forte pour la Nation qui craint moins le mal que la honte du coup, & alors elle ne doit donc être employée que dans les cas les plus graves. Le préjugé qui rend une telle peine odieuse doit être infiniment respecté; car il seroit difficile de mettre à sa place quelque chose qui valût mieux pour qui sçauroit en tirer parti.

Il y a long-temps qu'on a dit pour la premiere fois que l'opinion étoit la Reine du monde; cette maxime est une de celles que l'on ne devroit jamais oublier. On peut prendre d'une Nation voisine ses grands drapeaux, ses Jokeis & sa maniere de trotter, on peut prendre encore de telle autre ses temps d'exercice, & jusques-là tout est à peu près indifférent; mais il ne faut pas aller plus loin, ni croire qu'il soit bien avantageux, ni aussi facile de faire, par exemple, d'un Français une machine Allemande ou Russe, qu'il le seroit d'écourter son habit ou d'en varier la couleur. L'opinion ne se change pas par des ordonnances, quoi que puisse en dire le Caporal *Schlag*.

(*g*) La conclusion de ce chapitre seroit-elle qu'il conviendroit pour le bien d'une Nation Monarchique de détruire la Noblesse? Non assurément, ce n'est pas-là l'intention de l'Auteur qui pense au contraire qu'il ne peut exister de vraie Monarchie sans Noblesse; mais sa véritable intention qui n'eſt jamais celle de détruire, ſeroit ſans doute d'attaquer des préjugés qui empêchent de ramener la Nobleſſe à la véritable inſtitution. Elle doit ſe conſerver & ſe perpétuer par les mêmes moyens qui l'ont fait naître. Qu'un Noble ceſſe donc de ſe dire utile à l'Etat, l'appui & le ſoutien de l'Etat, le défenſeur du Trône, & l'honneur de ſa Nation par cela ſeul qu'il eſt d'une race illuſtre; qu'il ceſſe de ſe croire excluſivement deſtiné à remplir les places les plus importantes, s'il ne fait avant les preuves de ſon nom, celles de ſon mérite, & qu'il ne dédaigne pas d'entrer en concours de travaux & de ſervices avec l'homme qui n'attend que l'occaſion peut-être de ſe créer un nom, & qui ne l'eſpere que de ſes moyens. Les vrais Nobles applaudiront à ces réflexions, & ne croiront pas déroger dans rien de tout ce qui les aſſociera au devoir de mériter. Il en eſt beaucoup dans cet ordre diſtingué, & que l'on pourroit citer comme dignes perſonnellement des juſtes hommages que leur rend la Nation qu'ils honorent par leurs vertus & leurs ſervices. Voilà, je le répéte, les vrais Nobles, les vrais appuis de l'Etat & du Trône, ce n'eſt pas leur généalogie qu'il faut comparer, mais c'eſt leur vie qu'il faut imiter pour acquérir le droit de ſe dire leurs égaux.

(*h*) C'étoit bien là encore une grande erreur des Lydiens que cette opinion qu'ils avoient des manufactures. Rendons graces au Ciel d'être aſſez éclairés pour voir qu'une Nation agricole ne peut s'accroître en richeſſes & en puiſſance que par l'abondance & la bonne valeur de ſes productions; que ſi l'on diminue cette valeur pour épargner ſur les frais de main-d'œuvre de l'induſtrie, on attaque les revenus dans leur ſource, & qu ainſi on détruit l'induſtrie, même en voulant la faire proſpérer. C'étoit à l'adminiſtration du ſiecle précédent que les Lydiens devoient ce malheureux ſyſteme qui ne tendoit à rien moins qu'à détruire toutes les richeſſes territoriales. Un Miniſtre de ce temps, grand homme, ſans doute, à bien des égards, s'étoit laiſſé aveugler par les plus dangereuſes ſpéculations; ſéduit par le ſpectacle brillant des avantages que retiroit de ſon trafic une Nation voiſine, ſans conſidérer que le trafic qui eſt la ſeule reſſource d'un nation ſans territoire, ruine infailliblement au contraire une Nation agricole, il fit des Lydiens une Nation trafiquante & voituriere; ſeduit encore par l'éclat des manufactures de luxe, il appella de tous côtés l'induſtrie qu'il fallut payer très-cher, nourrir à bon marché, & maintenir ainſi, au grand déſavantage de la culture qui tomba néceſſairement ſous ce régime, en friches & non-valeurs. Bientôt donc elle ne put fournir entierement à l'impôt qu'il fallut établir ſur l'induſtrie elle-même de trafic & de manufacture, avec force barrieres & privileges. L'opération finit par devenir un ſyſtême déſaſtreux de finances, qui fit bientôt paſſer dans la Capitale, où rien ne ſe reproduit, les fonds de la reproduction. Il s'établit alors un trafic d'argent à intérêt, qui fonda un revenu réel pour le particulier, mais imaginaire pour la Nation qui ſe dévoroit elle-même, & qui ne donna quelques ſignes de douleur qu'au moment où le mal étoit à peu près ſans remede.

Il eſt inutile d'ajouter à ce tableau celui de la chute des mœurs, néceſſitée par le luxe & la miſere, effets certains de la rapide deſtruction & renaiſſance des fortunes d'argent. Jamais il ne fut mieux démontré par le fait que l'ordre physique & moral sont inséparablement unis.

(*i*) Ce Chapitre prouve que tous les Procureurs de tous les temps & de toutes les contrées du monde, ont constamment eu les mêmes principes, & les conserveront long-temps encore si l'administration n'y met ordre. On a beau les plaisanter sur les théâtres, dans les sociétés, ils ont l'esprit trop bien fait pour se fâcher, & sont les premiers à rire de maître *sangsue*; il en est plusieurs assurément d'une probité intégre, mais cela ne suffit pas pour rassurer sur les dangers de la chicane. Je croirois donc qu'il ne faudroit plus plaisanter ces Messieurs, mais les surveiller de près & les contenir avec la plus grande fermeté. Est-il rien de plus cruellement ridicule que toutes ces écritures dont le style grotesquement barbare, coûte si cher pour ne rien dire, dont tel mot absolument inutile revient à chaque moment pour tenir sa place dans la ligne, & conséquemment se faire payer. Pourra-t-on croire quelque jour qu'on ait été obligé de prescrire pour chaque page de ces étonnantes pieces d'éloquence, le nombre, la hauteur, les intervalles des lignes, & que ces terribles écrivains aient encore trouvé le moyen, malgré de telles précautions, de se faire payer des volumes entiers d'une aussi étrange composition. Cette dévorante engeance s'est multipliée à un point révoltant dans les villes & les campagnes, & ce n'est pas un fléau passager comme le seroit une irruption soudaine de sauterelles, de hannetons & d'autres insectes malfaisants; mais c'est un fléau constant, toujours renaissant parmi nous, on ne peut échapper à ses ravages qu'en cédant sans dispute la plus grande partie de sa propriété

propriété au premier venu qui l'attaquera, plutôt que d'essayer de la défendre.

(*k*) En même temps que l'on rend & doit rendre hommage aux vrais sçavants qui s'occupent avec succès des connoissances les plus utiles, on ne sçauroit, en vérité, se dispenser de frapper du ridicule cette tourbe de charlatans & de petits docteurs, pour lesquels toute explication de la nature paroît n'être qu'un jeu. Cette sotte prétention à l'omni-science a gagné nos Provinces, & je doute qu'il y ait jamais eu en Lydie autant de Sociétés de Lettrés que nous en voyons chez nous. Il est même très-peu de nos Dames qui ne s'occupent avec le plus grand succès des plus profondes recherches, & qui ne soient très-excellentes physiciennes, métaphysiciennes, botannistes, chimistes; c'est une vraie merveille d'entendre comment avec de l'air fixe, de l'air inflammable, elles vous expliqueront tout, jusqu'à la cause efficiente des délicieux sentiments qu'elles inspirent. Ce n'est plus avec des vers qu'on peut leur plaire, tout a changé, un homme à bonnes fortunes, qui veut obtenir quelques légeres faveurs, doit au moins se mettre en état de professer un petit cours de physique ou de chimie.

(*l*) Il est très-probable que l'Auteur n'a eu dans ce Chapitre d'autre but que d'avertir du danger de confondre la vertu avec le devoir. Nous croyons l'observation très-importante pour tout pays où la disposition des esprits est telle que la mode y devient communément la seule régle que l'on consulte; & il ne convient pas d'y exposer la vertu à être traitée comme une affaire de mode qui passe & finit même par ennuyer.

Il eſt inutile d'ajouter qu'on ne doit faire aucune application de cette critique à quantité d'honnêtes gens qui de bonne foi, en formant de tels établiſſements dans leurs terres, ont eu la très-louable intention d'y fonder le regne des mœurs les plus pures. Ceux-là qui devoient ſe connoître en intentions jugeront celle de l'Auteur comme il deſire qu'elle ſoit jugée.

(*m*) Je ne ſçais trop comment on s'y prendroit pour empêcher qu'il n'y ait foule & embarras dans un court eſpace où ſe trouve raſſemblé le Peuple de dix Provinces. On ne peut pas non plus mettre le feu aux quatre coins d'une Ville pour en rebâtir immédiatement une autre dont les rues ſoient larges & garnies de trottoirs, parce qu'il plaît à un faiſeur de livres de répéter ce que tout le monde ſçait, que les rues ſont trop étroites. On pourroit tout au plus mettre à profit l'événement s'il arrivoit naturellement.

On ſe plaint par exemple de la maniere dont nos Peres ont bâti notre Capitale, on trouve très-mauvais qu'ils n'aient pas percé de larges rues avec des chemins ſur les côtés pour les gens à pied: mais nous prions ces ſages critiques de vouloir bien ſe rappeller que les Villes & les cabriolets n'ont pas préciſement commencé enſemble, & que la Ville telle qu'elle étoit alors, ſuffiſoit à des gens qui n'avoient pas tant d'affaires que nous, & qui ne tenoient pas plus de place dans les rues les uns que les autres. Ceux qui ſe permettoient d'y aller à cheval, en raiſon de leur dignité & importance, alloient très-doucement. Il y a tout lieu de croire qu'on avoit bien le temps de ſe ranger du paſſage d'un Conſeiller de Grand'Chambre quand il s'acheminoit ainſi vers le

Palais. Les charrettes devoient bien s'accrocher quelquefois, mais comme l'allure générale étoit douce, & qu'il n'y avoit personne devant ni derriere qui pressât, tout s'arrangeoit, & les Auteurs du temps qu'on éclaboussoit moins, trouvoient les rues assez larges. Si nos peres eussent pu prévoir que leurs petits enfants dussent en si grand nombre faire fortune & aller en carosse, je suis assuré, à en juger par-tout ce qu'ils ont fondé pour le bien de ceux qui les suivroient, que non seulement ils auroient élargi les rues, mais que les bonnes gens auroient encore établi un hôpital à chaque carrefour pour les futurs blessées du quartier.

FIN.

TABLE DES CHAPITRES contenus dans ce Volume.

FIN DE LA TABLE.

www.ingramcontent.com/pod-product-compliance
Ingram Content Group UK Ltd.
Pitfield, Milton Keynes, MK11 3LW, UK
UKHW022013170726
13837UKWH00001B/164